TRAITÉ

DES

FAILLITES ET BANQUEROUTES.

TOULOUSE, Imprimerie de Delsol.

TRAITÉ

DES

FAILLITES ET BANQUEROUTES,

d'après la loi du 28 mai 1838,

PUBLIÉ

SOUS LES AUSPICES DE M. THUILLIER,

RECTEUR DE L'ACADÉMIE DE TOULOUSE,

chevalier de l'ordre royal de la légion-d'honneur,

Par M. J. M. V. Gadrat,

professeur-suppléant provisoire à la Faculté de Droit de Toulouse,

CHARGÉ DU COURS DE DROIT COMMERCIAL.

PREMIÈRE LIVRAISON.

TOULOUSE,
IMPRIMERIE DE DELSOL,
Rue Tamponnière, 10.

PARIS,
LIBRAIRIE DE THOREL,
Place du Panthéon, 4

1841.

A M. Thuillier,

RECTEUR DE L'ACADÉMIE DE TOULOUSE,

Chevalier de l'ordre royal de la légion-d'honneur.

C'est à votre bienveillance que je dois la faveur d'avoir été attaché à la Faculté de Droit de Toulouse; et c'est sous votre patronage, que j'ai fait ainsi le premier pas dans une carrière à laquelle je serais heureux de vouer mon avenir. Recevez ici l'expression de ma reconnaisance.

J'ai voulu vous offrir les prémices de mes travaux, et les publier sous vos auspices : Puisse mon hommage vous être agréable ! Votre suffrage est la plus flatteuse récompense à laquelle il me soit permis d'aspirer.

Toulouse, le 29 Mai 1841.

PRÉFACE.

PLAN DE L'OUVRAGE.

———

Si le crédit est l'âme du commerce, la confiance est aussi l'élément le plus vital du crédit; et, la condition la plus essentielle de la confiance, c'est l'exactitude dans l'accomplissement des obligations commerciales. La bonne foi est leur mère commune; ou plutôt il est vrai de dire que le crédit, la confiance, l'exactitude et la bonne foi se prêtent mutuellement la main, et que c'est leur concours qui donne au commerce cette abondance de capitaux qui l'alimente et qui le vivifie.

Par une réciprocité nécessaire, le défaut d'exactitude produit la défiance; celle-ci resserre les capitaux et étouffe le crédit; et la mauvaise foi paralyse le commerce en lui enlevant ses élémens les plus essentiels.

1

Placé au centre de ses opérations, le négociant est chargé d'une immense responsabilité. — Plus ses relations sont étendues,
et plus il doit redoubler de sagesse, d'intelligence, et d'activité. D'activité et d'intelligence,...... parce que ces qualités sont la
base de toute administration, et qu'il n'en
existe pas de plus délicate que celle à laquelle viennent se rattacher la fortune et
l'avenir de tant de familles; de sagesse ,.....
parce que les capitaux qu'il a en main appartiennent au commerce ou à ses commet-
tans, et qu'il ne faut qu'une opération aven-
tureuse, pour compromettre à jamais sa
position, et entraîner dans sa ruine toutes
les personnes dont il a la confiance et dont
il dirige, pour ainsi dire, la fortune,

Dans les époques de commotions politiques, il est bien difficile que le crédit public ne vienne pas à s'altérer; et le crédit
privé se ressent toujours de ces secousses qui
se réalisent habituellement par des crises
commerciales plus ou moins profondes.
Alors il n'est pas rare de rencontrer des

hommes qui ne rougissent pas d'exploiter à leur profit les calamités publiques, et qui, se posant en victimes de malheurs qu'ils n'ont pas éprouvés, ne présentent à leurs créanciers que les misérables débris d'un naufrage imaginaire, tandis qu'ils ont détourné la portion la plus riche et la plus considérable de leur fortune.

En dehors de ces circonstances exceptionnelles qui prennent naissance dans des crises politiques, il en est d'autres plus terribles encore, parce qu'elles sont la suite d'un état de relachement de morale sociale, auquel il est difficile de se soustraire, et plus difficile encore d'assigner des limites. Quand le cynisme a envahi toutes les relations, la foi commerciale est remplacée par la foi punique, et la société n'est qu'une réunion d'exploiteurs dont l'unique pensée est d'arriver au bien-être matériel au détriment de tous les principes et de toutes les fortunes. Alors la banqueroute est à l'ordre du jour; c'est un moyen de s'enrichir, et il est d'autant plus désastreux, que les voies en sont plus facilement ouvertes.

Indépendamment des crises politiques et des spéculations de la mauvaise foi, le bouleversement commercial peut encore avoir une autre source : l'incapacité du négociant. Tel homme était organisé pour un commerce de détail, et il a voulu aborder les grandes spéculations : ses plans mal conçus l'ont poussé à de fausses démarches, et l'édifice de sa fortune s'est écroulé sans retour. — Tel autre se laisse entraîner à des entreprises plus brillantes que solides; et, séduit par le prestige des résultats chimériques dont on a percé son imagination, il s'aventure au hazard, et ne tarde pas à essuyer un triste naufrage.

Dans d'autres circonstances, le commerçant conserve toute sa prudence et toute son aptitude : mais, englobé dans le désastre d'autres négocians, il est entraîné dans leur ruine, et, après une lutte et des efforts inouïs, il se trouve au-dessous de ses propres obligations, et finit par succomber lui-même.

Alors un malheur particulier est venu

se joindre à un malheur public, et le législateur doit prendre sous sa protection, non seulement les créanciers qui viennent réclamer les débris d'une fortune malheureusement administrée, mais aussi le commerçant qui n'a pas cessé d'être honnête-homme. Et c'est sous ce point de vue surtout que la législation française est digne de l'admiration des économistes! Protection au malheur, flétrissure à la mauvaise foi; voilà la devise de toutes nos lois sur la matière, et le principe fondamental autour duquel sont venues se grouper toutes nos dispositions législatives successivement modifiées selon les besoins des diverses époques.

Sans contredit, il a fallu des années et une bien longue expérience, pour arriver au point d'amélioration que nous avons atteint aujourd'hui :—et cependant il y a encore bien des réformes et bien des progrès à réaliser! Aussi toutes les fois qu'une législature est appelée à retoucher l'organisation des faillites, l'opinion publique se réjouit d'avance. Mais les lois se renouvellent,

les législatures se succèdent, et, malgré les
immenses améliorations qu'elles introdui-
sent dans les détails, l'on ne tarde pas à
s'appercevoir que les espérances qu'on avait
conçues ne se sont nullement réalisées.

  C'est que ces vues d'améliorations, ces
perfectionnemens auxquels on aspire, s'é-
lèvent au-dessus des dispositions de détail,
et ont une tout autre portée. C'est que l'o-
pinion publique s'attache à des progrès d'un
ordre bien supérieur; et que son vœu le
plus ardent, serait de voir diminuer le nombre de ces échecs qui viennent à chaque
instant attrister le monde commercial, et
entrâver le développement du crédit privé
si indispensable au progrès du commerce
et de l'industrie. C'est que pour réaliser ce
vœu de l'opinion publique, il faudrait remonter aux causes premières de ces faillites
qui se succèdent avec une si désolante con-
tinuité; et ce n'est qu'après avoir découvert
les sources de cette plaie sociale, qu'on pourrait essayer d'en détruire le germe, ou du
moins l'empêcher de se reproduire;.... et ce

travail, il faut bien le reconnaître, ne rentre pas dans le domaine spécial du législateur. C'est à la philosophie sociale, à la morale publique qu'il faut à cet égard demander des perfectionnemens et des progrès; et tant qu'ils ne se réaliseront pas sous ce point de vue, on peut assurer hardiment que l'opinion publique ne sera pas satisfaite.

Quoiqu'il en soit, ce serait une fort importante recherche que celle qui tendrait à établir quelles sont, dans l'état actuel de notre organisation sociale, les causes premières de cette maladie commerciale qui se manifeste trop souvent par des faillites ou des banqueroutes. — Il serait fort instructif de rechercher si nous ne dûmes pas nos premières catastrophes commerciales aux lois révolutionnaires qui, dans un esprit de progrès, établirent la concurrence illimitée, la liberté absolue, en abolissant les priviléges des divers corps d'état. — Ce serait aussi une question bien délicate que celle qui tendrait à examiner la nature et l'efficacité des garanties que donnaient à la société les institutions connues sous le nom de jurandes et de maîtrises, et d'où l'on n'arrivait aux diverses professions industrielles ou commerciales qu'après avoir fait preuve d'aptitude et de moralité; — et si, comme l'ont proposé de nos jours quelques économistes, il ne serait pas opportun d'en restaurer le principe en corrigeant les abus aux quels elles donnaient lieu. — Ce serait un travail fort utile que de calculer l'influence que peut avoir sur le nombre des faillites le système absolu de la libre concurrence, et s'il ne serait pas convenable de la resserrer dans de certaines bornes, en limitant dans chaque localité la production dans la proportion des besoins, et en soumettant les producteurs et les consommateurs à un tarif basé sur les prix combinés de la main d'œuvre et des matières premières.

Toutefois j'ai hâte d'abandonner un ordre de considérations qui ne rentrent pas dans mon domaine. Sans prétendre avoir soulevé un coin du voile qui nous cache les progrès, ni avoir indiqué le seul terrain sur lequel il serait facile de jeter des améliorations fondamentales, j'ai voulu signaler aux méditations des économistes quelques pensées qui jusqu'à ce jour n'ont pas été pesées avec assez de maturité. C'est à eux seuls qu'il appartient de nous donner les moyens véritables pour détruire le mal qui entrave notre commerce en paralysant le crédit privé.

Pour éclairer la voie que je me suis tracée, et préparer à l'étude des principes qui font l'objet de cet ouvrage, il serait plus important de signaler les principales différences qui existent dans les diverses lois qui ont régi parmi nous le système des faillites, depuis les premières ordonnances jusqu'à nos jours. Il serait surtout utile de signaler dans un aperçu général, et les progrès déjà réalisés, et les améliorations qui restent encore à faire. Il m'avait même semblé dès le principe, qu'un coup d'œil critique ainsi dirigé sur l'ensemble de la législation serait parfaitement placé au frontispice d'un traité spécial. Toutefois je me suis convaincu plus tard que, dans le cours des développemens qui doivent se succéder dans mon livre, j'aurais souvent à revenir sur les considérations préliminaires dont j'aurais pu faire précéder ma théorie; et dès lors j'ai dû renoncer à un projet qui m'exposait à des redites inutiles.

Le plan de cet ouvrage est extrêmement simple; il rentre à peu près dans celui de la loi. Seulement j'ai cherché à systématiser l'économie de ses dispositions. Il m'a semblé que tout le régime des faillites et banqueroutes se rattachait à quatre ordres d'idées bien distinctes, et je l'ai divisé en quatre parties.

La première est spéciale au jugement déclaratif, et comprend sa nature, sa forme, ses conditions, ses effets;

La seconde est relative à l'administration que la loi confie aux syndics sous la surveillance du juge commissaire, et qui, commence à l'apposition des scellés, comprend le bilan, les vérifications de créances, le concordat, le contrat d'union, et l'appréciation des droits des divers créanciers;

La troisième s'attache au régime et aux effets de la banqueroute simple et de la banqueroute frauduleuse;

Et enfin la quatrième est consacrée à la réhabilitation.

Pour arrêter les théories et les principes que j'ai consignés dans mon livre, je n'ai pu appeler à mon aide ni les précédens de la doctrine, ni les lumières de la jurisprudence. La loi sur laquelle mon traité a été fait, compte à peine trois années d'existence; et, d'une part, les difficultés sur lesquelles les tribunaux ont eu à se prononcer, se rattachant presque toutes à des faillites ouvertes sous le code de 1808, exigeaient l'application des anciens principes; d'autre part les ouvrages publiés dans ce court intervalle sont en très petit nombre.

Toutefois j'ai souvent eu recours aux traités de M. Lainné, de M. de St. Nexent, et surtout au manuel si lumineux du professeur de la Faculté de droit de Paris. J'ai quelquefois désapprouvé leurs théorie est rejeté leurs décisions; quelquefois aussi j'ai emprunté leurs pensées. Il m'a semblé que dans un travail scientifique, je pouvais m'inspirer des saines doctrines de mes honorables devanciers, et les transmettre à mes lecteurs. J'ai évité cependant de faire un travail purement élémentaire, comme celui de M. Bravard, ou trop pratique comme celui de M. Lainné; je n'ai pas voulu d'un autre côté me livrer spécialement, comme M. de St. Nexent, à des études de publiciste. Mais j'ai tâché de donner à mon ouvrage une direction qui le rendît à la fois usuel, élémentaire et pratique : mon traité m'eût semblé incomplet, si je m'étais borné à exposer les principes de la loi : j'ai voulu éclairer la doctrine par les monumens de la jurisprudence, et féconder mon travail en signalant les réformes et les perfectionnemens que réclame encore notre législation.

Du reste mon livre est le résumé du cours spécial que le choix bienveillant du Chef de l'académie a daigné me confier à la faculté de droit de Toulouse : c'est dire que dès le principe mes efforts ont été dirigés vers un but d'utilité : puissé-je l'avoir réellement atteint !...

PREMIERE PARTIE.

DISPOSITIONS GÉNÉRALES.

Division de la Matière.

Tout commerçant qui cesse ses paiemens, porte l'art. 437 de la loi nouvelle, est en état de faillite. — Cette disposition qui n'est que la reproduction littérale de l'art. 437 du Code de 1808, établit le principe constitutif de la faillite, celui sur lequel repose son existence.

Quelque simple qu'elle paraisse au premier abord, elle est cependant complexe dans sa rédaction, et elle donne lieu à des précisions d'autant plus importantes, qu'elles sont, pour ainsi dire, caractéristiques et fondamentales.

La première, c'est que pour être mis en faillite, il faut être commerçant.

Il ne suffirait pas d'avoir fait des actes de commerce, alors même qu'à raison de ces actes, des condamnations par corps auraient été subies ; car, aux termes des premières dispositions du Code de

Commerce, quelques actes isolés et même, plus ou moins nombreux, ne confèrent pas la qualité de commerçant : la loi la reconnait seulement à celui qui exerce des actes de commerce, et qui en fait sa profession habituelle.

La qualité de commerçant doit même être actuelle, et l'ancien négociant ne pourra pas être déclaré en faillite, s'il n'est pas établi en fait qu'il a repris la suite de ses affaires, ou un commerce nouveau, à l'époque où, l'embarras qui donne lieu aux poursuites de ses créanciers, s'est manifesté dans sa position. (Cour de Cassation, 16 mars 1818.)

On doit même décider qu'un mineur, devenu insolvable par suite d'affaires commerciales, ne saurait être mis en état de faillite, s'il n'avait pas rempli les formalités essentielles et préliminaires prescrites par l'art. 2 du Code de Commerce, pour devenir commerçant. (Cour Royale de Rennes, 20 mai 1823.)

La qualité de commerçant ne résulte pas non plus *nécessairement* de la patente. Constituée comme l'indice le plus ordinaire de cette qualité, la patente s'applique souvent à des professions entièrement étrangères au commerce, et par conséquent elle n'en est pas la preuve essentielle et caractéristique. — Réciproquement, on peut dire que le défaut de patente ne change pas la nature d'un acte de commerce, et n'enlève pas au commerçant sa qualité.

C'est uniquement dans la disposition de l'article 1er du Code de Commerce, que les tribunaux doivent puiser leurs motifs pour attribuer ou pour dénier à une personne sa qualité de commerçant. Celui-là seul qui exerce des actes de commerce et qui en fait sa profession habituelle, peut être déclaré en faillite. Seul il demeure soumis à la loi commerciale, soit pour en subir les conséquences rigoureuses, soit pour en invoquer les dispositions protectrices.

En dehors du commerce, toute personne qui se trouve dans l'impossibilité de faire face à ses engagemens, est en état de déconfiture ; et sa situation est régie par les dispositions du droit commun.

Ces principes sont élémentaires et absolus.

On a dit cependant qu'ils avaient été méconnus par la jurisprudence. Un arrêt émané de la Cour royale de Bruxelles, du 24 janvier 1809, a déclaré qu'un receveur de l'enregistrement pouvait être déclaré en état de faillite ; et deux autres arrêts, l'un de la Cour de Cassation, du 18 mars 1828, et l'autre de la Cour Royale de Paris, du 24 février 1831, ont adopté la même

décision relativement au notaire qui se livre habituellement à des opérations de banque, et qui
tient une agence d'affaire.

Mais ces décisions, loin de renverser le principe, le reconnaissent au contraire, et viennent le
consacrer ; ou du moins il est vrai de dire que
l'opposition n'est qu'apparente.

Sans doute, si les cours de qui elles émanent,
n'avaient considéré dans la personne des débiteurs poursuivis que leur caractère public ; si
elles avaient établi que la qualité de notaire, ou
de receveur de l'enregistrement suffit pour les
faire déclarer en état de faillite, le principe eût
été complètement détruit : mais telles n'ont pas
été leurs décisions. Il a été reconnu seulement
que, dans le fait, et par leurs actes habituels,
les notaires et les receveurs de l'enregistrement
avaient joint à leur caractère public la qualité de
commerçant, et que cette qualité avait débordé
chez eux la qualité d'officier public. Et il n'y a là
rien que de très-conforme aux principes. La loi
commerciale le reconnait elle-même lorsqu'elle
déclare, dans l'art. 89, que l'agent de change
ou le courtier, qui ne peuvent régulièrement se
livrer à aucun acte de commerce pour leur propre compte, sont cependant susceptibles d'être
mis en faillite, et d'être déclarés banqueroutiers

frauduleux, lorque, à leur qualité d'officiers publics, ils ont réuni par le fait celle de commerçant qui existe alors indépendamment de leur caractère spécial.

Une seconde précision que consacre la première disposition de l'article 439, c'est qu'il faut avoir cessé ses paiemens pour être mis en faillite.

Tant que le négociant paie, en effet, il est présumé en état de satisfaire à ses engagements. — Mais dès qu'il suspend ses paiemens, dès que sa signature et ses obligations demeurent en souffrance, une présomption contraire s'élève. Aux yeux de la loi, il est censé que son actif ne suffit pas à ses dettes, et dès lors des considérations d'intérêt général exigent que la justice régulière prenne des précautions pour assurer aux créanciers la répartition égale de la fortune de leur débiteur commun. Tel est le but de la loi sur les faillites.

Et toutefois il ne faudrait pas donner à ce principe une extrême rigueur. Des circonstances impérieuses, mais purement temporaires, peuvent contraindre un négociant à suspendre accidentellement ses paiemens, sans que cependant il puisse être déclaré en faillite. Cet état ne peut être que l'expression réelle de la situation du

commerçant ; et dès qu'il n'éprouve qu'une entrave momentanée, il serait contraire au vœu
de la loi et à la vérité de le déclarer en faillite.
(Paris, 8 août 1809 ; 25 novembre 1830 ; et 19
décembre 1831 ; Aix, 18 janvier 1825.)

D'autre part aussi, il faut bien reconnaître
que quelques paiemens partiels ne peuvent être
comptés pour rien, et n'empêcheraient pas que
le commerçant ne fût déclaré en faillite. Presque
toujours faits en fraude des droits de la masse,
ces paiemens n'ont habituellement lieu que pour
soustraire le débiteur à des exécutions imminen-
tes ; sa situation ne change pas d'ailleurs, et elle
constitue suffisamment la cessation de paiemens
telle que le législateur l'a réellement entendue.

Du reste, il est assez difficile de poser sur ce
point des règles bien sûres, parce qu'il est tout
à fait soumis à l'appréciation des tribunaux. Il
faut cependant reconnaître qu'il ne saurait y avoir
faillite sans une cessation de paiemens, si non
absolue, du moins assez générale ; pourvu toutefois que cette cessation n'ait pas été suivie de
reprise. Mais l'on ne peut considérer comme
constituant une reprise, ni l'acquittement par-
tiel de quelques créances, ni des paiemens fic-
tifs tels que ceux qui résulteraient de renouvel-
lemens au moyen desquels on remplacerait des

effets déjà échus par de nouvelles obligations à des échéances plus éloignées. Ces actes, loin de témoigner du bon état des affaires du débiteur, ne feraient que démontrer les embarras de sa situation, et attester l'inutilité de ses efforts pour éloigner l'évènement d'un catastrophe qui sera d'autant plus ruineuse pour les créanciers, que la déclaration en aura été plus long temps ajournée.

Toutefois il n'est pas inutile de faire observer que le commerçant qui paie exactement toutes ses dettes liquides, ne doit pas être réputé en état de faillite par cela seul qu'il laisse en arrière des dettes susceptibles d'une contestation sérieuse, par exemple des obligations qu'il attaque comme viciées de dol, des billets qu'il argue de faux, etc., etc. Dans ces circonstances, il importe que le titre soit sévèrement discuté, et le refus de paiement de la part du commerçant, n'est alors que l'exercice d'un droit qui ne saurait l'exposer à aucun inconvénient. (Cassation, 29 mars 1825 ; Grenoble, 1 juin 1831.)

Enfin il faut reconnaître aussi qu'au nombre des refus de paiemens servant à constituer l'état de faillite, il ne faut pas comprendre le refus d'acquitter des engagemens purement civils. L'état de faillite, suivant l'observation judicieuse de M. Bravard-Veyrières, implique la perte du crédit commercial; et la conservation du crédit commercial ne dépend pas du plus ou moins d'éxactitude dans le paiement des dettes civiles. La faillite est un évènement de la vie commerciale; et, vis-à-vis de ses créanciers pour dettes civiles, le commerçant ne fait qu'un acte de la vie civile. Par cela seul qu'à la qualité de propriétaire, par exemple, il joindra celle de commerçant, il ne faudra pas permettre à ses créanciers civils de venir troubler et compromettre son existence commerciale. Pour eux le débiteur n'est pas commerçant, mais il appartient comme eux à la vie ordinaire; or, comme tel, ils ne peuvent faire déclarer que sa déconfiture. Les créanciers pour cause de commerce peuvent seuls utiliser les garanties commerciales. Le négociant ne pourra donc être déclaré en faillite s'il ne laisse en souffrance que les obligations civiles et s'il remplit avec exactitude tous ses engagemens commerciaux.

Mais s'il néglige en même temps ses dettes civiles et commerciales, il sera sur la poursuite des créanciers commerciaux, déclaré en faillite pour le tout; c'est-à-dire que l'état de faillite ne pourra être scindé, et que l'on ne serait par reçu à distraire ses affaires civiles de ses affaires commerciales , pour appliquer à celles-ci seulement les règles de la faillite.

Après avoir déclaré, dans l'art. 437, que la faillite est l'état de tout commerçant qui cesse ses paiemens, le législateur de 1808 indiquait dans l'art. 441, comme simptômes de la cessation des paiemens constituant l'état de faillite, un certain nombre de circonstances telles que, la retraite du débiteur, la clôture de ses magasins , et les actes de toute nature constatant le refus d'acquitter des engagemens de commerce ; et cette disposition avait été destinée à servir de complément ou , tout au moins , de développement à la première. Mais cette énumération présentait plusieurs inconvéniens. D'une part, elle embarrassait les juges investis du pouvoir de déclarer la faillite, en leur fesant supposer que les caractères décrits par la loi étaient seuls admissibles ; d'autre part, les tribunaux avaient pu quelquefois se méprendre sur la portée des circonstances extérieures présentées par la loi comme symptômes de la faillite.

Pour échapper à ce double inconvénient, la loi nouvelle a évité de décomposer dans ses élémens le fait complexe de la cessation de paiemens, et l'ancien article 441 a été supprimé. De cette manière le tribunal est demeuré l'arbitre souve-

vain des circonstances que son expérience commerciale le met à même d'apprécier sainement :
c'est à lui seul qu'il appartient de déterminer si
la cessation des paiemens, est absolue, ou du
moins assez générale pour caractériser l'état de
faillite.

Les principes généraux que nous venons d'é-
tablir ont déterminé la nature de la faillite, et
les caractères qui la constituent : il était nécessaire de les formuler, dès l'abord, parce qu'ils
sont pour ainsi dire le point de départ de la théorie que nous nous proposons de développer.

Ces données une fois acquises, il est temps
d'aborder la première partie de notre travail. Elle
est consacrée toute entière à l'acte judiciaire qui
constate l'existence et l'ouverture de la faillite.
C'est là la base fondamentale de toutes les dispositions de la loi, la pierre angulaire sur laquelle
repose tout l'édifice du régime spécial des faillites.
Aussi donnerons-nous quelques développemens
à cette partie importante de notre traité.

Pour les présenter d'une manière complète,
nous nous occuperons dans quatre sections distinctes : 1° De la constatation de la faillite, du
jugement déclaratif, et du jugement de report ;
2° Des modes de publicité déterminés par la loi ;
3° Des effets des jugemens déclaratifs et de re-

port ; 4º Enfin, de l'exécution provisoire de ces jugemens, et des moyens ouverts par la loi pour les faire réformer.

SECTION PREMIÈRE.

De la constatation de la faillite.

Dès que le commerçant cesse ses paiemens, et qu'il s'est laissé déborder par des engagemens auxquels il lui est impossible de faire face, il est de la plus haute importance que ses créanciers et la justice s'éveillent, et que sa faillite soit immédiatement déclarée. — Si l'on temporise, il luttera encore contre sa détresse, et compromettra par des efforts inutiles une situation déjà mauvaise ; le gage des créanciers diminuera de jour en jour, au détriment de tous, et les ressources actuelles du débiteur seront bientôt complètement épuisées. Si l'on peut, au contraire, l'arrêter dès les premiers jours, ses biens, mis sous la protection de la justice et de la loi seront conservés pour la masse des créanciers, et sauvés d'un naufrage inévitable. Si même, le débiteur est honnête homme, si sa chûte n'est que le résultat de malheurs auxquels il lui a été impossible de se soustraire, il n'attendra pas que les tiers ou la justice prennent l'initiative : dès qu'il

aura acquis la triste certitude de sa situation,
il s'empressera de venir faire l'aveu de sa détresse
et mettra lui-même ses biens à la disposition des
créanciers dont ils sont le gage naturel et légal.

Dans tous les cas, la faillite ayant les conséquences les plus graves, et entraînant des effets
d'une nature extraordinaire, ne pourra être
constatée que par un acte solennel de l'autorité elle constitue un changement d'état qui
ne saurait être établi par des actes privés, aussi
les déclarations de faillite seront-elles prononcées par les tribunaux, dans les limites de leur
juridiction. (Cour Royale de Rouen, 10 Mai
1813).

CHAPITRE PREMIER.

Du Jugement déclaratif de faillite.

Jusqu'en 1815, les déclarations de faillites
avaient été attribuées aux juges ordinaires, c'est-
à-dire aux tribunaux civils. Ce ne fut qu'à partir
de cette époque que diverses Déclarations établirent la juridiction consulaire : de cette manière
les débiteurs faillis purent être jugés par des magistrats appartenant tous au commerce, et par-
conséquent en position d'apprécier leur situation
et leur conduite. Toutefois, et jusqu'à la pro-

mulgation du Code de commerce, la juridiction consulaire ne fut pas établie sur des bases bien arrêtées, et la connaissance des faillites fut successivement et tour à tour retirée et rendue aux tribunaux civils et aux juges du commerce.

En 1808, les auteurs du Code fixèrent les incertitudes ; et désormais les tribunaux consulaires furent définitivement investis d'une attribution qui rentrait si naturellement dans leur domaine. A l'époque de la rédaction de la nouvelle loi, le principe a été conservé sans qu'il se soit élevé sur ce point la plus légère opposition.

Mais la juridiction des tribunaux de commerce est-elle tellement exclusive, que, dans certaines circonstances, la déclaration de faillite ne puisse pas émaner d'une autre juridiction? Dans le cas, par exemple, où le ministère public poursuit une accusation de banqueroute soit devant les tribunaux correctionnels, soit devant la justice criminelle, ces autorités ne pourront-elles pas prononcer sur le fait de la faillite, sans être obligées de renvoyer au Tribunal de Commerce ?

M. Pardessus, qui soulève cette question, enseigne que les tribunaux ainsi nantis de la poursuite du ministère public, pourraient régulièrement déclarer la faillite. Pour nous, nous repoussons cette doctrine qui nous semble en

opposition avec les principes élémentaires, avec
l'indépendance des tribunaux de commerce, et
même avec le texte de la loi. Ainsi, sous ce dernier point de vue, nous trouvons un obstacle
insurmontable dans la rédaction de l'article 440
de la loi nouvelle, dont la disposition porte que
la faillite est déclarée par le tribunal de commerce ;
ce qui exclut la compétence de toute autre juridiction. D'autre part, il faudrait dire que, par
cela seul que les tribunaux correctionnels se seraient prononcés sur le fait de la faillite, les juges consulaires devraient, malgré leur conviction personnelle, s'empresser de subir cette décision et de régulariser le régime de la faillite, en
nommant un juge-commissaire, en instituant des
syndics, et ordonnant l'apposition des scellés ;
ou bien il faudrait reconnaître aux tribunaux correctionnels le droit et le pouvoir de nommer eux-
mêmes les syndics et le juge-commissaire.

Il est donc impossible d'accepter sur ce point
la décision de M. Pardessus ; il faut reconnaître
que les tribunaux de commerce ont, en cette
matière, une juridiction spéciale et tout à fait
exclusive.

La compétence de juridiction étant ainsi déterminée, examinons quel est le tribunal de commerce qui prononcera le jugement déclaratif.

L'art. 438 établit d'une manière implicite que c'est le tribunal du domicile du failli; et cette décision est conforme aux principes du droit commun qui nantit les juges du domicile de toutes les demandes personnelles : la déclaration de faillite rentre dans cette catégorie.

Par voie de conséquence, la faillite d'une société, quelle que soit sa nature, sera déclarée par le tribunal de commerce dans le ressort duquel se trouve le siége du principal établissement. Les juges doivent se guider à cet égard par les principes établis dans les articles 102 et suivans du Code Civil.

Le tribunal du domicile ou du principal établissement est donc le seul compétent pour déclarer la faillite : telle est la règle générale. Mais quand le commerçant aura plusieurs établissemens d'une importance égale, quand la société de commerce aura plusieurs centres d'exploitation également commerciaux ; il faudra reconnaître à chacun des tribunaux dans lesquels se trouve une maison principale, un centre d'opérations, le droit de déclarer la faillite. — Une société anonyme, une compagnie d'assurances, par exemple, a dans Paris sa direction générale, et, dans chaque chef-lieu de département une maison centrale qui contracte des obligations, qui fait des traités, qui

stipule des primes. Pense-t-on que les bénéficiai-
res d'une prime, que le propriétaire incendié qui
réclame inutilement le paiement de son indemnité,
ne puissent pas provoquer la déclaration de faillite devant le tribunal où se trouve l'établissement
avec lequel ils ont traité? seront-ils obligés de
recourir au juge de la direction générale, et devront-ils s'exposer à perdre un temps précieux
pendant lequel les gérans de l'établissement se-
condaire pourront soustraire le matériel et les
valeurs qui auraient été mis sous la sauve garde
de la loi, par une apposition de scellés faite en
temps utile? — Evidemment il ne peut pas en
être ainsi; chaque établissement central constitue un siége d'opération à part, une maison commerciale affectée, pour ainsi dire, à chaque localité et les juges de chaque maison ou établissement
central ne pourraient se déclarer incompétens.

La déclaration de faillite peut être prononcée
soit sur l'aveu spontané du débiteur et sur sa demande; soit sur les poursuites des créanciers;
soit d'office, par le tribunal. — La loi présentant des règles spéciales dans ces divers cas,
nous les examinerons successivement.

? 1er *De la déclaration de faillite provoquée par le failli.*

Lorsqu'il a imposé au commerçant l'obligation
de tenir ses livres avec exactitude, et d'y consi-

gner, jour par jour, chacune de ses opérations, le législateur a voulu lui donner le moyen de se rendre compte à tout instant des modifications survenues dans sa situation. Dès qu'il s'apperçoit que l'équilibre est rompu, il doit immédiatement faire prononcer sa faillite. Mieux que personne, il a la connaissance de sa position réelle, et le jugement déclaratif qui sera rendu sur son aveu spontané, sera sans contredit l'expression d'une vérité non équivoque.

Pour faire cette déclaration, le débiteur devait avoir un temps moral : trop d'empressement pouvait lui être funeste, et trop de lenteur était contraire aux intérêts de la masse. Avant la loi de 1838, le Code de Commerce avait déjà determiné un délai qui conciliait tous les droits avec la plus grande sagesse. L'art. 440 disposait que la déclaration du failli devait être faite dans les trois jours de la cessation des paiemens, et voulait que le jour de la cessation fût compris dans ce délai. Cette disposition a été maintenue dans la loi nouvelle.

Du reste, ainsi que nous le verrons plus tard, le législateur a attaché certaines immunités à l'accomplissement de cette obligation : ce n'est qu'en s'y conformant que le débiteur pourra conserver l'espérance d'obtenir les faveurs de la justice.

Aux termes de l'art. 438, la déclaration du
failli doit être faite au greffe du tribunal de commerce : c'est cet acte qui donne à l'aveu du débiteur un caractère officiel : il ne saurait être
remplacé par un autre acte, de quelque publicité qu'il eût été d'ailleurs environné.

Si c'est une société en nom collectif qui tombe
en faillite, la déclaration doit aussi contenir le
nom et l'indication du domicile de chacun des
associés solidaires. Cette désignation a pour but
de faciliter l'exécution de la disposition renfermée
dans l'art 458 qui exige que les scellés soient
apposés, non seulement au siége principal de la
société, mais encore dans le domicile séparé de
chacun des associés solidaires.

L'obligation imposée au gérant de désigner le
nom et le domicile de chacun des associés solidaires a fait naître une question fort controver-
sée. Elle consiste à savoir si la faillite de la société en nom collectif entraîne celle de chacun
des associés solidaires. MM. Pardessus et Bravard-
Veyrières enseignent la négative. La société, di-
sent-ils, constitue un être moral parfaitement
distinct de chacun des associés lesquels ne peuvent être considérés personnellement comme
faillis, qu'autant qu'ils ont personnellement
cessé leurs paiemens. « Or, poursuit M. Bravard

» (2e édit. p. 525), peut-être ne les ont-ils pas
» cessé et ne les cesseront-ils jamais, parce qu'ils
» parviendront à payer tous les créanciers, y
» compris les créanciers sociaux.... sans quoi
» il faudrait non-seulement faire apposer les
» scellés à leur domicile particulier, mais les
» mettre tous en état d'arrestation, les soumettre
» tous aux incapacités que la faillite fait naître;
» et cela ne serait pas moins contraire à la rai-
» son qu'au véritable esprit de la loi. »

Pour nous, nous ne balançons nullement à
adopter la décision contraire, et nous devons déclarer que la faillite de la société collective, entraîne nécessairement celle de chacun des associés. — Et d'abord nous ne sommes nullement
touchés de la dernière considération présentée
par M. Bravard. Nous ne voyons aucun inconvénient à ce que l'on prenne envers chacun
des associés toutes les mesures déterminées par
la loi; et qu'ils subissent, après l'apposition des
scellés, l'arrestation et les incapacités qui sont
les conséquences de l'état de faillite. En vérité
il n'y a rien dans la raison ni dans l'esprit de la
loi qui répugne à l'application de ces dispositions.

Mais, au fond, les argumens sur lesquels
M. Bravard établit sa doctrine manquent d'exac-

titude, et il est aisé de les détruire. Sans doute, il est incontestable que la société, être moral, a une existence distincte de celle de chacun de ses membres, en ce sens que ceux-ci peuvent contracter des obligations en dehors de la société, qu'ils peuvent avoir un commerce séparé, une industrie différente, et s'engager relativement à cette nouvelle branche d'industrie ou de commerce, sans que la société réponde pour eux et soit tenue de leurs engagemens. Mais la proposition réciproque n'est pas vraie, et la position des associés vis-à-vis de la société est toute différente; car ils sont tenus *personnellement* et *solidairement* de toutes les obligations qu'elle a contractées; et, sous ce rapport, leur sort est intimement lié à celui de la société : à cause de cette solidarité, et de l'obligation personnelle qu'elle produit, il arrivera de deux choses l'une : ou que les dettes de la société seront payées par l'un de ses membres, et alors il n'y aura pas de faillite pour la société; ou qu'elles ne seront et ne pourront être payées par aucun des associés, et alors ils seront tous en état de faillite. — Cet effet de la solidarité dans les sociétés en nom collectif, qui a été méconnu par MM. Pardessus et Bravard-Veyrières renverse l'opinion qu'ils ont consignée dans leur ouvrage.

La loi, ainsi que cela résulte de l'art. 438, ne s'occupe nominativement que de la société en nom collectif, et ne renferme aucune disposition à l'égard des sociétés en commandite ou anonymes. Aussi, dans le silence du Code, on a demandé si ces deux dernières espèces de société étaient susceptibles d'être déclarées en faillite.

A l'égard de la société en commandite ; la difficulté ne peut être sérieuse. En effet, elle comprend toujours une société en nom collectif à laquelle s'appliqueront évidemment les dispositions et les injonctions de la loi.

Quant à la société anonyme, ce qui peut faire naître le doute, c'est qu'elle consiste dans une association de capitaux, que l'être moral qui la constitue ne saurait être poursuivi que sur *son actif réel,* qu'enfin une société de cette nature ne présente pas d'obligé personnel ; que dès-lors il n'y a pas de personne faillie, et qu'il est par conséquent impossible d'exécuter les dispositions du Code. — Cependant il faut reconnaître que le but principal de la mise en faillite ne consiste pas dans les mesures à prendre relativement à la personne du failli, car ces mesures sont purement accessoires. Le législateur s'est surtout proposé de saisir dès le principe les créanciers de leur gage, d'en surveiller l'admi-

3

nistration par l'entremise des syndics, afin d'arriver soit à un concordat, soit à une égale répartition de l'actif. Or, rien ne s'oppose à ce que les créanciers d'une société anonyme aient sur l'actif de cette société les mêmes droits que sur une maison de commerce quelconque; et tout porte à décider qu'ils doiventtrouver devant la justice la protection et les garanties ordinaires. La société anonyme pourra donc être déclarée en faillite.

Mais quelle est la personne qui aura qualité pour faire cette déclaration, au nom de la société collective, anonyme ou en commandite.

Régulièrement, et en principe, ce seront toujours les gérans; ils sont naturellement investis de ce droit par la confiance de leurs associés. Indépendamment des gérans, chacun des associés dans la société en nom collectif, et les associés responsables dans la société en commandite, auront la faculté de faire la même déclaration : le principe de solidarité qui les lie est la mesure de leur intérêt.

Quant aux membres de la société anonyme, et aux simples bailleurs de fonds, dans les sociétés en commandite, ils n'ont ni droit ni qualité pour provoquer la mise en faillite. Obligés seulement à concurrence de leur apport, et ne prenant aucune part à l'administration des affaires de la société, ils n'ont pas les renseignemens suffisans pour faire une déclaration qui peut compromettre et ruiner sans retour le crédit d'une société. Aussi c'est avec juste raison qu'il a été décidé par la Cour Royale de Colmar, que l'associé commanditaire n'était pas recevable à provoquer la déclaration de faillite de la société, et qu'il était passible de dommages-intérêts envers les associés dont il avait, par ses poursuites, ruiné l'établissement.

Enfin l'on peut aussi demander si la déclaration de faillite d'une société en commandite ou anonyme entraîne celle de chacun des associés.

Il ne peut y avoir de difficulté pour les associés anonymes. Obligés seulement pour le montant de leurs apports, ils ne doivent rien au-delà; et bien que la société dont ils font partie soit tombée en faillite, ils peuvent parfaitement faire honneur à leurs affaires personnelles.

Quant aux membres de la société en commandite, les associés solidaires seront tous faillis; mais non les associés commanditaires.

Il ne suffirait pas au commerçant de faire sa déclaration au greffe du tribunal : s'il veut trouver dans la loi une protection efficace, il a encore d'autres obligations à remplir. Il doit à la justice et à ses créanciers le compte exact de sa conduite, de ses dépenses, et.des causes qui ont amené sa ruine. Il doit aussi faire l'indication de toutes les ressources et valeurs quelconques dont se composent les débris de sa fortune. Ce compte est rendu au moyen d'un inventaire connu sous le nom de *bilan*. Le failli doit le déposer au greffe, en même temps qu'il fait la déclaration de cessation de paiemens.

Le bilan doit contenir : 1° l'énumération et l'évaluation de tous les objets mobiliers et immobiliers dont se compose l'actif du débiteur;

2° L'état de ses dettes actives et passives; ce qui comprend l'indication des noms et domicile des créanciers, le montant des sommes qui leur sont dues, la nature des diverses créances;

3° Le tableau des profits et pertes;

4° Enfin, le détail des dépenses du débiteur.

Le bilan est rédigé par le failli lui-même, ou par son fondé de pouvoirs : dans tous les cas il doit personnellement le déclarer véritable, et joindre à cette déclaration l'indication de la date, et l'apposition de sa signature.

Si le débiteur n'a pu dresser et déposer son bilan, sa déclaration doit encore contenir l'indication des motifs qui l'en ont empêché.

La disposition de la loi qui ordonne le dépôt

du bilan, a une double sanction. La première
est écrite dans l'art. 456 qui n'accorde qu'au failli
qui s'est soumis à cette formalité la faveur d'ê-
tre affranchi, par le tribunal, du dépôt ou de la
garde de sa personne : l'autre est consacrée par
l'art. 586, aux termes duquel, le failli qui n'a pas
déposé son bilan peut être déclaré banqueroutier
simple. Toutefois il faut observer que ces deux
dispositions étant facultatives, la sanction pénale
demeurera toujours soumise aux circonstances
et à l'appréciation des tribunaux.

§ 2. *De la déclaration de Faillite provoquée par*
les créanciers.

Lorsque le négociant méconnait les obligations
que la loi lui impose, et que, malgré le désastre
survenu dans ses affaires, il ne fait pas de déclaration au greffe, les créanciers ne sont pas tenus
d'attendre. Une inaction déplacée laisserait à leur
débiteur le temps de faire disparaître frauduleu-
sement les débris de son actif, ou de le compromettre en poursuivant le cours de son administration inhabile. L'intérêt des créanciers leur
fait donc un devoir de faire déclarer immédiatement la faillite. L'art. 440 leur ouvre la faculté de s'adresser aux juges consulaires; ils
leur exposent avec précision les faits au moyen

desquels ils peuvent établir que leur débiteur a
réellement cessé ses paiemens ; et les tribunaux
prononcent sur ces données.

On a demandé si le créancier qui provoque la
mise en faillite doit mettre le débiteur en cause,
et l'appeler devant le tribunal par voie d'assignation pour que le jugement déclaratif de faillite
soit rendu contradictoirement, ou bien s'il peut
agir à l'insçu et en l'absence de ce débiteur, et s'a-
dresser au tribunal au moyen d'une simple requête.

La Cour Royale de Besançon a eu à se prononcer sur cette difficulté, dans un arrêt du 13 juin
1808 ; et elle a déclaré que la simple requête,
sans assignation, était suffisante pour faire déclarer la faillite. Cette solution est parfaitement
juste, et conforme à l'esprit de la loi. — Il est
inutile que le créancier poursuivant donne l'éveil
à son débiteur : cet avertissement pourrait acti-
ver sa mauvaise foi et par conséquent compro-
mettrait les intérêts de la masse, que le législateur a voulu protéger d'une manière toute spéciale.

Le commerçant poursuivi trouvera du reste
une garantie dans la prudence des tribunaux qui
devront se tenir en garde contre la malveillance.
Aussi ce ne sera que sur les renseignemens les

plus positifs, et avec toute la sagesse et la maturité qui président à leurs décisions ordinaires, que les juges se détermineront à rendre un jugement qui peut porter une atteinte si funeste au crédit du débiteur. Mais lorsque la loi leur donne le pouvoir de prononcer d'office la déclaration de faillite, on ne peut prétendre sérieusement qu'ils ne sont pas suffisamment saisis par la requête du créancier. Dans cette opinion, il faudrait aller jusqu'à dire que, tout en rejetant la requête du créancier, le tribunal devrait s'emparer des faits qui y sont libellés, et rendre d'office le jugement déclaratif. Or, arriver à une semblable conclusion, c'est déclarer que l'on n'a fait qu'une difficulté de mots.

Ainsi fixés sur la forme de la demande, il reste à déterminer quels sont les créanciers qui ont qualité pour provoquer la mise en faillite.

En règle générale et absolue, il faut reconnaître que ce droit appartient à tout créancier commercial. Toutefois ce principe a soulevé plusieurs questions importantes qui vont devenir l'objet de notre examen.

Et d'abord, lorsque le négociant n'a qu'un seul créancier, celui-ci a-t-il le droit de le faire déclarer en faillite?

On a dit pour la négative que c'est en vue des

intérêts généraux que le régime des faillites a été établi par la loi, afin de régler d'une manière égale les droits des divers créanciers dans la distribution de l'actif ; que tel est l'objet de l'administration commune, du concordat, du contrat d'union, opérations qui ne peuvent plus se réaliser et qui d'ailleurs n'auraient aucun résultat quand il n'y a qu'un seul créancier ; que dans ce cas, d'ailleurs, le créancier unique n'ayant pas de concurrens à craindre, a le droit de prendre pour lui la totalité du gage de son débiteur, et peut réaliser ce but en le poursuivant par les voies ordinaires. C'est dans ce sens que la Cour Royale de Paris a rendu un arrêt le 30 mai 1838.

Toutefois cette doctrine n'est pas en harmonie avec les vrais principes, et nous ne saurions l'accepter. Ce n'est pas seulement en faveur des créanciers, mais encore dans un intérêt public, que la mise en faillite a été établie ; et afin que les tiers soient avertis de ne pas accorder leur confiance au commerçant qui est devenu insolvable. D'autre part, ce n'est pas à l'existence d'un nombre de créanciers déterminé que la loi commerciale a subordonné la déclaration de faillite, mais seulement à la cessation de paiemens, état qui se réalise dans le cas d'un créancier unique. Enfin il n'est pas exact de prétendre que le créancier est sans intérêt à poursuivre la déclaration par cela seul qu'il absorbera la totalité des biens de son débiteur, sans concurrence : La faillite donne aux créanciers, quel que soit leur nombre, des avantages qu'ils n'auraient pas si la déclaration n'était pas intervenue. Ainsi, pour l'avenir, elle dessaisit le failli de l'administration de ses biens à partir du jugement déclaratif ; et, pour le passé, elle frappe certains actes d'une présomption légale de nullité qui produit ses effets jusqu'au jour de la cessation réelle des paiemens, et dans les dix jours qui l'ont précédée ; et dès-lors l'existence de l'intérêt, de la part du créancier unique, est parfaitement établie.

Peu importe d'ailleurs que le concordat ou l'union ne puissent pas se réaliser : ces moyens extrinsèques ne sont pas de l'essence de la faillite qui peut exister, et qui existe réellement indépendamment du contrat d'union et du concordat. Ce qu'il importe d'examiner, c'est s'il y a eu réellement cessation de paiemens : dès l'instant que cet état existe, il faut décider que la faillite peut être provoquée et qu'elle doit être déclarée.

Sous l'empire du Code de 1808, la jurisprudence demeura long-temps incertaine sur la question de savoir si la faillite d'un commerçant pour-

rait être déclarée après son décès. — On disait
d'une part que le commerçant seul peut être mis
en faillite, et que le négociant décédé n'est plus
commerçant. — On ajoutait que la faillite étant
une espèce de délit, les poursuites qu'elle entraîne devaient tomber par la mort du débiteur.
Mais ces considérations, bien que spécieuses,
étaient dépourvues de justesse. Ainsi, s'il est
vrai de dire que les poursuites criminelles doivent s'arrêter au décès du prévenu, ce principe
ne peut être appliqué dans cette circonstance,
car la faillite n'emporte par elle-même ni crime,
ni délit; et sa déclaration, loin d'être une mesure répressive, est le premier acte d'une procédure toute protectrice des intérêts du débiteur,
aussi bien que de ceux des créanciers. D'un autre
côté, la faillite étant déclarée à raison de l'état du
commerçant, lors de son décès, il n'y a pas d'inconséquence à reconnaître qu'il était décédé en
état de faillite. Telle était même la tendance de
la jurisprudence, ou plutôt son dernier état,
lorsque le nouveau législateur est venu la consacrer par une disposition spéciale. Aujourd'hui
l'art 437 ne permet plus de doute, et les tribunaux déclareront qu'un commerçant est décédé
en état de faillite, si, au moment de sa mort,
il se trouvait en état de cessation de paiemens.

La demande des créanciers à cet égard ne saurait être rejetée.

Mais que devra-t-on décider dans le cas où le commerçant, prévoyant sa chûte prochaine, se serait donné la mort pour échapper au deshonneur d'une faillite?... Faudra-t-il, comme le disait M. Teste à la Chambre des députés, considérer le fait du suicide comme l'équivalent d'une déclaration de faillite que le négociant aurait faite lui-même s'il eût vêcu? et que, défendre aux créanciers d'invoquer cette circonstance, ce serait donner une prime au suicide!

Ces considérations sont de la plus haute moralité : mais elles ne furent pas accueillies par la Chambre ; et, dans le silence de la loi, nous pensons que les tribunaux devraient se refuser à la demande de déclaration de faillite. Si dans le fait, le commerçant a toujours fait honneur à ses dettes jusqu'à l'instant de sa mort naturelle ou violente, si aucun de ses engagemens n'a été en souffrance, il est décédé dans l'intégrité de ses droits, *integri statûs* ; l'embarras qui se manifeste après son décès, peut bien être le motif qui l'a déterminé à disposer de ses jours, mais il n'en est pas moins vrai qu'il n'était pas en état de cessation de paiemens à l'époque de son décès, et que dès-lors le texte et la raison

se refusent à une décision semblable. Si l'on
veut punir l'homme qui attente à ses jours , et
stygmatiser un acte essentiellement immoral, ce
n'est pas à la loi commerciale qu'il faut demander des répressions de cette nature; ce n'est
pas aux juges consulaires qu'il faut imposer la
nécessité de flétrir la mémoire d'un homme qui,
réellement et dans le fait, est décédé dans l'intégrité de ses droits.

Après avoir admis en principe que la déclaration de faillite pourrait être provoquée après le
décès du commerçant, le législateur de 1838
devait fixer un délai qui emportât déchéance à
cet égard. Il fallait sans doute donner aux créanciers le temps de connaître les affaires de leur
débiteur ; mais il était convenable que les héritiers fussent bientôt fixés sur leurs droits, et ne
demeurâssent pas indéfiniment sous le coup d'une
mise en faillite. C'est là le double but que réalise
parfaitement la dernière disposition de l'art. 437
en décidant que la déclaration de faillite ne pourra
être demandée par les créanciers, ou prononcée
d'office, que dans l'année qui suivra le décès. Ce
délai concilie les intérêts de la succession avec
ceux des créanciers à qui elle donne assez de
latitude pour mûrir leur détermination avant
d'intenter leur demande.

Pour épuiser les questions que peut soulever le droit qu'ont les tiers de provoquer la déclaration de faillite, il reste à examiner si la mise en faillite pourrait être demandée par les héritiers du défunt.

Nous ne saurions le penser : il est vrai que leur auteur aurait eu la faculté de la provoquer, en faisant personnellement sa déclaration au greffe et déposant son bilan. Mais cette démarche lui donnait un avantage, celui de se soustraire aux poursuites de ses créanciers et surtout d'éviter la contrainte personnelle (455). Quant aux héritiers, ils peuvent réaliser ce but en renonçant à la succession, ou en ne l'acceptant que sous bénéfice d'inventaire : de cette manière ils s'affranchisent de toute recherche personnelle, tout en conservant le droit de réclamer le paiement de leurs propres créances ; et ils n'ont pas à se reprocher l'inconvenance d'une demande, flétrissante pour leur auteur, et sans utilité réelle pour eux.

§ 3e *De la déclaration prononcée d'office.*

Si le commerçant était auprès de ses créanciers, chacun d'eux pourrait à tout instant surveiller la marche et la direction qu'il donne à ses affaires, et demander sa mise en faillite dès les premiers

symptômes du malaise. Mais habituellement il
n'en est pas ainsi. Le débiteur ne se fournit pas
sur la place même où il exerce son négoce : là se
trouvent ses dettes les plus minimes ; tandis que
ses créanciers les plus nombreux et les plus importans sont à des distances plus ou moins considérables. Aussi il est toujours bien tard lorsque
ceux-ci sont informés des revers de sa fortune ;
et, si la justice ne veillait pas pour eux , le patrimoine et les dernières ressources du débiteur
auraient complètement disparu , avant qu'ils eussent pu prendre les premières mesures.

C'est afin d'éviter cet inconvenient , et pour
pouvoir s'opposer dès le principe soit aux détour-
nement frauduleux , soit aux connivences de
toute nature , que le législateur a donné aux tribunaux la haute mission de surveiller, dans l'intérêt du commerce , les divers commerçans qui
sont soumis à leur juridiction. Ils en sont investis
par la disposition de l'art. 440, auxtermes duquel
ils peuvent déclarer d'office l'existence d'une
faillite. Droit exorbitant , et tout-à-fait en dehors
des attributions ordinaires de la justice , qui ne
va pas au devant des intérêts privés , et qui doit
attendre qu'ils aient fait entendre leur voix. Toutefois cette mission exceptionnelle se justifie par
des considérations qui sont pour ainsi dire, d'or-

dre public , parce qu'elles se rattachent à des intérêts généraux.

Mais quelles seront les bases sur lesquelles les
juges consulaires devront établir leur détermination ?

Le Code de 1808 exigeait la notoriété publique. — Le législateur de cette époque avait
voulu exclure les renseignemens qui ne portaient
pas un caractère de certitude généralement connue ; et le jugement déclaratif, prononcé d'office , devait être l'expression d'un fait déjà publiquement établi. La nouvelle loi , a donné aux tribunaux la même faculté ; mais les mots de *notoriété
publique* n'y sont pas reproduits. C'est qu'il a paru
aux rédacteurs que cette notoriété était difficile
à déterminer, plus difficile à obtenir ; et dès lors
ils ont voulu que la conscience de juge ne fût
pas arrêtée lorsque la cessation de paiemens n'of-
frait pas cette notoriété absolue et patente que
semblaient exiger les expressions de l'ancien
Code. Mais il n'en faudra pas moins aujourd'hui des
faits graves, précis et nombreux, emportant avec
eux les caractères de certitude les plus parfaits.

La déclaration d'office pourra avoir lieu dans
toutes les circonstances où les tiers pourraient la
provoquer : il faudra donc, pour les principes et
pour la solution des diverses difficultés , se rap-

porter à ce qui a été établi dans le paragraphe précédent.

CHAPITRE SECOND.
Du jugement qui reporte la faillite.

Quand la déclaration de faillite a été prononcée, le tribunal a déjà rempli une grande partie de sa tâche. La position du failli est fixée pour l'avenir, et tous les engagemens qu'il contractera désormais seront nuls et sans effet relativement à la masse. Aussi, à compter du jugement déclaratif, la situation des créanciers du failli ne peut plus s'aggraver, et les biens qui leur servent de gage, ne peuvent être atteints ou ébréchés par des créanciers postérieurs. Sous ce point de vue, le jugement déclaratif est de la plus haute importance.

Mais l'état de cessation des paiemens, dont l'existence a été constatée par ce jugement, a le plus souvent une origine antérieure. L'embarras ne s'est pas manifesté à l'improviste dans les affaires du failli, et la *cessation réelle* des paiemens remonte, par le fait, bien au-delà du jugement déclaratif. Or, puisque c'est la cessation de paiemens qui constitue l'état de faillite, et qui produit l'incapacité, le législateur ne pouvait se borner à annuler, dans l'intérêt de la masse, les actes postérieurs au jugement déclaratif : ceux auxquels le failli a pu se livrer depuis la cessation réelle des paiemens, doivent également être suspects à ses yeux.

Il est donc de la plus haute importance de déterminer avec soin et exactitude l'époque précise de la cessation réelle des paiemens, parce que la période qui se sera écoulée depuis lors jusqu'au jugement déclaratif, sera une période, si non de nullité générale, du moins, de suspicion légitime. Cette détermination devra être faite par le tribunal, et elle sera l'objet de ses recherches les plus consciencieuses et les plus sévères. Les résultats de sa décision sont extrêmement graves, car, suivant que la cessation réelle sera reportée à une époque plus ou moins éloignée, certains actes passés par le failli seront déclarés nuls ou valables, et, par conséquent la masse sera plus ou moins riche, les dividendes plus ou moins considérables.

C'est dans cette appréciation surtout que la position des juges consulaires devient délicate et difficile. Placés entre les exagérations de la masse qui, pour augmenter ses ressources tend à faire considérer comme frauduleux la plus grande partie des actes du failli, et les prétentions des tiers qui demandent le maintien de traités faits de

4

bonne foi, ils ont à subir une double responsabilité. Au milieu des intérêts opposés qui s'agitent
en sens divers, ils ont à craindre de diminuer
le gage, au détriment de quelques créanciers,
ou d'enrichir ceux-ci au préjudice de la masse.
La vérité seule pourra leur faire éviter ce double
écueil ; mais à travers les difficultés de toute
nature qui les environnent et les assiégent, il
leur sera bien malaisé de saisir cette vérité, que
de toute part on s'attache à faire disparaître. C'est
là surtout que le tribunal devra s'affranchir des
indications intéressées qui lui seront fournies
dans tous les sens, ne prendre conseil que de
ses propres vérifications, et ne se déterminer que
sur sa conviction personnelle.

Le jugement qui fixe ainsi l'époque de la
cessation réelle, et qui fait remonter la faillite
à une date antérieure à celle du jugement déclaratif, est désigné dans la pratique sous le nom
de jugement *de report*.

La disposition législative qui confère ce mandat
aux tribunaux de commerce, se trouve dans l'article 441 de la loi nouvelle, et leur compétence
à cet égard, est parfaitement établie. Du reste,
cette mission leur avait été également confiée par
l'ancien Code de Commerce ; et c'est avec juste
raison, car le jugement de report est le complé-

ment de la déclaration de faillite qui reste dans le domaine exclusif de ses attributions. Nous devons toutefois signaler sur ce point une grave modification introduite par la loi de 1838.

Dans les dispositions de l'ancien Code, le législateur n'avait pas distingué la déclaration de faillite de son ouverture. L'art. 441 de la loi de 1808 disposait que l'ouverture de la faillite serait déclarée par le tribunal de commerce ; et il énumérait ensuite les circonstances qui pouvaient servir à fixer l'ouverture de la faillite : de sorte, qu'à ne considérer que la rédaction de la loi, il devait y avoir simultanéité dans la déclaration de faillite, et dans la désignation de son ouverture : ces deux indications devaient se trouver dans le même jugement.

Sans contredit, si tel eût été le vœu du législateur, il aurait été difficile de le remplir. Pour déterminer d'une manière positive l'époque de la cessation réelle des paiemens, il faudrait avoir approfondi la faillite, et pesé chacune des opérations du débiteur. Or il est impossible que les tribunaux appelés à se prononcer puissent réaliser ce but dès le principe. Ils seraient exposés à des erreurs graves ; et, comme ces erreurs peuvent avoir les résultats les plus désastreux, les juges consulaires doivent en être affranchis.

Aussi la jurisprudence était venue interpréter la loi à cet égard, et les tribunaux de commerce avaient adopté un terme moyen qui conciliait la voix de leur conscience à leur responsabilité morale avec les exigences du texte. Dans l'usage, l'ouverture de la faillite n'était fixée que provisoirement par le jugement déclaratif, et le tribunal se réservait la faculté d'en déterminer postérieurement, et d'une manière définitive, la date précise, en la fesant remonter plus haut, s'il y avait lieu.

Quelque ingénieux que fût un pareil système, il faut reconnaître qu'il n'était pas en harmonie avec la dignité qui doit environner les décisions judiciaires. Les tribunaux ne sont à la hauteur de leur mission que lorsqu'ils peuvent imprimer à leurs actes un caractère invariable ; et un jugement, qui ne statue que d'une manière provisoire, présente toujours quelques inconvéniens.

Ces considérations ont frappé les auteurs de la loi nouvelle, et les dispositions actuelles ménagent toutes les convenances et tous les intérêts. Aujourd'hui, comme sous le Code de 1808, les juges ont la faculté, lorsqu'ils se trouvent suffisamment éclairés, d'indiquer dans le jugement déclaratif l'époque de la cessation réelle des paiemens, la date de l'ouverture de la faillite. Mais si les renseignemens fournis dès le principe ne sont pas assez complets, ils rendront deux jugemens distincts et séparés. Dans le premier, ils déclareront la faillite, et, sans chercher à en déterminer provisoirement l'ouverture, ils se borneront à constater l'existence de la cessation des paiemens. Plus tard, lorsque leurs recherches personnelles et les élucubrations du juge-commissaire les auront mis en état de suppléer à l'insuffisance des renseignemens primitifs, ils prononceront le jugement de report, qui déterminera définitivement l'époque de l'ouverture de la faillite.

Sous la législation du Code de Commerce, les tribunaux consulaires avaient usé largement de la faculté qui leur était donnée par la loi de reporter les faillites; et il n'était pas rare de voir des jugemens définitifs en faire remonter l'époque à plusieurs mois et même à plusieurs années. Ces reports démesurés avaient l'inconvénient de jeter le bouleversement dans les fortunes, et de troubler des positions basées sur des droits que l'on avait pu considérer comme définitivement acquis. Aussi plusieurs légistes avaient pensé qu'une pareille latitude était vicieuse et pouvait devenir abusive. Elle fut même l'objet d'un amendement présenté en 1838 à la chambre

des députés, et par lequel l'un des membres les
plus honorables de cette assemblée, M. Jacques
Lefebvre, demandait que la cessation de paiemens
ne pût être fixée à une époque antérieure de plus
d'une année à celle du jugement déclaratif de
la faillite. Mais cet amendement ne fut pas admis; la chambre comprit sans doute qu'une
disposition de cette nature aurait porté atteinte
à l'indépendance du juge, et qu'il ne faillait pas
le placer dans la nécessité de rendre une décision contraire à ses convictions, lorsque les circonstances lui auraient démontré que, dans la
réalité, l'ouverture de la faillite avait une date
bien plus ancienne. Les tribunaux ont donc conservé à cet égard toute la latitude que le Code
de 1808 leur avait accordée.

Mais à la requête de qui sera rendu le jugement de report ?

L'art. 441 de la loi nouvelle a répondu à cette
question, et elle ne peut présenter aucune difficulté. Ce sera sur la poursuite de toute personne intéressée, c'est-à-dire des créanciers ou
du failli; ce sera le tribunal lui-même qui, pour
compléter le mandat que la loi lui défère, prononcera d'office son jugement ultérieur. — Dans
tous les cas, le jugement devra être rendu sur
le rapport du juge commissaire.

Une question beaucoup plus délicate, et qui présente le plus haut intérêt, est celle de savoir si le tribunal qui, par un jugement ultérieur, a fixé l'époque de l'ouverture de la faillite, peut plus tard revenir *d'office* sur sa première détermination, et donner à l'ouverture une date différente.

M. Pardessus enseigne l'affirmative. Suivant cet estimable auteur, la décision qui déclare une faillite est d'une nature toute particulière; c'est moins un jugement ou un arrêt, qu'une sorte d'arbitration laissée sans cesse à la conscience des magistrats, et sur laquelle ils peuvent revenir dès que les renseignemens acquis leur en font connaître la nécessité.

Pour nous, nous ne saurions adopter une telle doctrine : sans doute la décision des tribunaux de commerce est une arbitration; et il en est de même de tous les jugemens, quels qu'ils soient d'ailleurs, et sur quelque contestation qu'ils puissent statuer. Mais rien ne justifie que cette décision soit, du moins sous ce rapport, d'une nature spéciale et toute différente de celle des jugemens ordinaires. Elle leur ressemble d'autant plus, que les intérêts sur lesquels elle statue sont de la plus haute gravité, et qu'elle tranche des prétentions diamétralement apposées. Par leur nature, ces déci-

sions constituent des droits acquis pour les tiers
qui ont traité avec le failli, et qui ne sont pas atteints par la période de suspicion légitime déterminée d'après l'époque de l'ouverture de la faillite ;
et il n'appartient pas aux tribunaux de révoquer
ainsi, de leur chef propre, des droits consacrés
par une décision précédente. D'ailleurs la loi
donne à toutes les parties intéressées le droit de
former opposition aux jugemens déclaratifs et
de report dans un délai fixe (580, 581). Il serait
bien étrange et bien abusif qu'un tribunal vînt
se réformer lui-même, lorsque les parties intéressées acceptent et respectent sa décision.

Qu'arriverait-il si le tribunal de commerce
n'avait pas déterminé l'époque de l'ouverture de
la faillite ?

A cet égard, l'art. 441 porte dans sa disposition
finale : « A défaut de détermination spéciale, la
cessation de paiemens sera réputée avoir eu lieu
à partir du jugement déclaratif de faillite » : et,
il faut le dire, cette disposition est remplie de
convenance. Toutefois elle peut aussi être cri-
tiquée. Il arrivera quelquefois que, par ce
moyen, la présomption établie par la loi ne sera
pas d'accord avec le fait ; que, dans quelques
circonstances, le cessation présumée ne coïnci-
dera pas avec la cessation réelle.

Si le failli, par exemple, conformément aux droits que lui confère l'art. 438, ne fesait sa déclaration au greffe que le troisième jour de la cessation de ses paiemens, la faillite ne prenant naissance qu'au jour du jugement déclaratif, sa date serait matériellement postérieure à celle de la cessation réelle.

D'autre part encore, et dans le cas d'une déclaration de faillite après décès, non seulement la présomption de la loi ne s'accorderait pas avec le fait, mais il y aurait une opposition manifeste entre les dispositions de l'art. 437 et 441, car, d'un côté, le jugement déclarerait que le débiteur était en faillite à l'heure de son décès; et, de l'autre côté, cette faillite ne remonterait par sa date qu'au jour du jugement déclaratif.

Il serait vraiment à désirer que de semblables contrariétés n'existassent pas dans la loi : et toutefois il est vrai de dire que cette opposition est moins l'œuvre du législateur que la suite de la négligence des créanciers. Les rédacteurs de la loi devaient déterminer un point de départ unique, ayant des bases convenables, et c'est ce qu'ils ont fait. Si le jugement blesse quelques droits, c'est aux parties intéressées à le faire réformer; et par conséquent, à provoquer une décision ultérieure pour déterminer l'époque du report :

Or, lorsque les créanciers ne se donnent pas ce soin, le législateur ne pouvait pas être plus soucieux de leurs intérêts qu'ils ne le sont eux-mêmes.

Du reste, tout porte à croire que l'incompatibilité purement théorique qui se trouve dans les deux articles 537 et 441 de la loi nouvelle, ne se réalisera jamais dans le fait. Les intéressés ne manqueront pas de former les réclamations nécessaires pour statuer ultérieurement sur l'époque de la cessation des paiemens. Mais si le cas venait à se présenter, les créanciers devraient subir les suites de leur négligence, et accepter dans toute leur étendue les conséquences des dispositions écrites dans la loi.

SECTION DEUXIÈME.

De la publication du jugement déclaratif de faillite et du jugement de report.

La déclaration de faillite amène un changement d'état auquel il importe de donner la plus grande publicité. Il importe aux tiers d'en connaître l'existence, parce que, s'ils n'étaient pas prévenus de l'incapacité dont le failli vient d'être frappé, ils pourraient traiter avec lui, et recevoir des engagemens dont il leur serait impossible d'obtenir ensuite l'accomplissement. Enfin il importe aussi aux créanciers et aux diverses personnes qui ont déjà contracté avec le failli, d'être fixés sur l'époque du jugement déclaratif, et sur celle à laquelle le jugement ultérieur a fait remonter la cessation des paiemens, afin de pouvoir veiller à la conservation de leurs droits plus ou moins altérés par ces déterminations diverses.

La nécessité de la publicité avait été reconnue par le législateur de 1808, et l'art. 457 du Code de Commerce disposait que le jugement déclaratif de faillite serait affiché et inséré par extrait dans les journaux, suivant le mode établi par l'art. 683 du Code de Procédure civile.

Aux termes de cette disposition, on pouvait se demander si la publication devait s'appliquer uniquement au jugement déclaratif qui ne fixait que provisoirement l'époque de la faillite, ou si elle devait aussi s'étendre au jugement de report. A cet égard la loi nouvelle (art. 442), a fait disparaître tous les doutes, car elle embrasse dans sa généralité et le jugement de report, et le jugement déclaratif de faillite.

Du reste, et quant au mode de publication, la loi de 1838 a adopté des bases plus développées que ne l'avait fait le Code de Commerce. Ainsi, tandis que l'art. 683 de Procédure civile auquel se référait l'art. 457 de l'ancien Code de Commerce ne prescrivait l'insertion que dans un seul journal, la loi nouvelle ordonne qu'elle soit faite dans tous les journaux désignés par le tribunal de commerce. L'on doit justifier de cette insertion au moyen d'un exemplaire certifié par l'imprimeur, légalisé par le maire, et enregistré dans les trois mois de sa date. Il est facile de voir que, sur ce point, l'on n'a fait qu'appliquer le mode de publicité établi pour les sociétés de commerce dans l'art. 42 du Code, modifié et complété par la loi du 6 avril 1833.

Le Code de 1808 ne s'était pas non plus prononcé sur le point de savoir si la publication devait être faite dans tous les lieux où le failli avait des établissemens commerciaux, ou seulement au lieu de son domicile. La question a été résolue par la loi nouvelle, et désormais les mesures de de publicité devront s'étendre à tous les comptoirs du failli.

Quant à la nécessité de l'affiche, elle a été conservée par la loi nouvelle. L'affiche du jugement doit être constatée par un procès-verbal d'huissier. Le ministère de cet officier public imprime à la publication l'authenticité voulue, et les tribunaux ne se contenteraient pas du certificat d'un afficheur, fût-il même commissionné par l'autorité.

SECTION TROISIÈME.

Des effets de la Faillite.

De toutes les théories qui font l'objet de cet ouvrage, l'une des plus importantes, soit par les difficultés qu'elle soulève, soit par la gravité des intérêts auxquels elle se rattache, c'est celle qui a trait aux effets de la faillite, ou pour mieux dire, du jugement déclaratif et du jugement de report. Aussi les principes qu'elle renferme ont-ils été l'objet d'un soin tout spécial, de la part du législateur; et nous aurons souvent l'occasion de constater que c'est là l'un des points sur lesquels la révision de la loi a été le plus efficace et le plus féconde en heureuses améliorations.

CHAPITRE PREMIER.

Des effets de la Faillite relativement à l'administration des biens du failli, et du dessaisissement.

Sauf les cas exceptionnels où le commerçant est arrêté par la force majeure, et succombe à des événemens contre lesquels il ne lui a pas été donné de lutter, la faillite est habituellement ou la suite de combinaisons frauduleuses, ou le résultat d'une incapacité réelle. Qu'il ait voulu mal

agir, ou qu'il n'ait pas pu mieux faire, le failli ne
saurait conserver plus long-temps l'administration de sa fortune ; inhabile ou malveillant, il
n'est pas digne de garder en main un commerce
et des affaires qu'il a dirigées d'une manière si
malheureuse. Dans tous les cas, il a compromis
les sûretés de ses créanciers, et se trouve dans
l'impossibilité de remplir ses obligations envers
eux ; il est donc juste que ceux-ci puissent s'emparer de ses biens, seule garantie qui leur reste,
et administrer par eux-mêmes les derniers débris
d'un gage toujours insuffisant.

Telles sont les considérations qui ont déterminé le législateur à frapper le failli d'une sorte
d'interdiction, et tel est aussi l'objet de l'art.
442 de la loi nouvelle. Nous allons en examiner
les caractères, l'étendue et les effets.

2 1er *Nature et caractère du dessaisissement.*

Il y a une grande analogie entre l'interdiction
prononcée contre le failli, et l'interdiction dont
s'occupe le Code Civil : l'art. 450 de ce Code et
le 442e de la nouvelle loi emploient à peu-près
les mêmes expressions pour dire que l'interdit et
le failli sont privés de l'administration de leurs
biens. Cependant il faut reconnaître que les deux
situations ne peuvent être assimulés : Tous les

auteurs les ont distinguées avec le plus grand
soin.

L'un des priviléges les plus importans de la
situation du failli, c'est de conserver dans toute
leur intégrité les droits de puissance paternelle
et maritale; et, par une conséquence nécessaire,
de garder en main l'administration des biens personnels de sa femme et de ses enfans. Cette administration lui appartient en vertu de sa position
dans la famille, et elle ne lui est pas retirée par
le seul fait de la faillite : sans doute la femme
pourra la reprendre, si elle justifie que sa dot
est en péril; la tutelle pourra aussi être retirée
au père pour cause d'incapacité; mais ce résultat
ne s'opère pas de plein droit et comme une suite
virtuelle de la déclaration de faillite; l'on ne
pourra le réaliser que par un acte judiciaire précédé des formes ordinaires de la justice, c'est-à-
dire par un jugement qui prononcera la séparation de corps, ou la destitution de la tutelle.

Cette autorité paternelle et maritale étant un
attribut personnel, plusieurs auteurs ont ensei-
gné que la différence qui existe entre la situation du failli et celle de l'interdit, consiste en ce
que le dessaisissement prononcé contre le failli
porte seulement sur les biens, tandis que l'interdiction porte atteinte aux capacités naturelles et

civiles de la personne. Mais nous ne saurions adopter cette doctrine, car il nous est démontré que la faillite, et le dessaisissement qui l'accompagne, altèrent sous plusieurs points la capacité naturelle et civile du failli.

Ainsi il perd l'exercice de ses droits politiques, (art. 5 de la constit. du 22 frim. an VIII); il ne peut plus se présenter à la Bourse, (art. 613 du Cod. de Comm.); il est exclu des fonctions d'agent de change ou de courtier, (art. 83 du Code de Comm.); il n'assiste plus aux assemblées pour nommer les prud'hommes et les juges consulaires, (art. 14 de l'acte du gouvern. 11 juin 1809); et après forte raison il ne ne peut lui-même être promu à ses fonctions.

Il est donc incontestable que la capacité personnelle du failli souffre plusieurs atteintes, et que l'effet de cette sorte d'interdiction qui le frappe ne s'arrête pas seulement à ses biens.

Mais quelle est, même en raison de ces biens, l'effet de la faillite?

L'art. 442 de la loi dispose que le failli est dessaisi de plein droit de l'administration de ses biens. De là deux précisions importantes qui doivent servir à déterminer d'une manière certaine le caractère spécial du dessaisissement.

La première, c'est que le failli n'est pas exproprié; que le droit de propriété continue de résider sur sa tête, mais qu'il en perd momentanément l'exercice; que cet exercice passe dans les mains des créanciers, mais que ceux-ci ne sont pas investis d'un droit de propriété; qu'ils ne sont que simples administrateurs des biens de leur débiteur, qui leur sont remis par l'autorité de la loi, à titre de gage ou de nantissement.

La seconde, c'est que ce dessaisissement a lieu virtuellement et de plein droit, c'est-à dire, comme conséquence du jugement déclaratif de faillite, et sans qu'il soit nécessaire que ce jugement renferme à cet égard une disposition spéciale.

¿ 2e *Etendue du dessaisissement.*

Le dessaisissement produit par l'état de faillite, est général et s'étend à tous les biens du failli meubles et immeubles, à ceux qui dépendent de son commerce comme à ceux qui y sont complètement étrangers; à ceux qu'il possède en pleine propriété, aussi bien qu'à ceux qu'il ne détient qu'à titre d'usufruit. Quelle que soit leur nature, et en quoi qu'ils consistent, ils tombent tous sous la main des créanciers. Il devait en être nécessairement ainsi, car, si quel-

5

ques biens eussent échappé à ce dessaisissement, la loi eût été dépourvue de toute sanction et de toute efficacité.

Le Code de 1808 s'expliquait à cet égard d'une manière fort positive, en disposant dans l'art. 442 que le dessaisissement portait sur *tous* les biens; et cependant le législateur de 1838 a cru devoir ajouter encore à la généralité de la disposition du Code, et il a déclaré dans l'art. 443, que ce dessaisissement frappait même les biens qui peuvent échoir au failli tant qu'il est en état de faillite. Ainsi tout ce qui lui adviendra par voie de donation ou de succession, augmentera d'autant le gage de la masse, et le failli n'aura pas plus de droits sur ces objets que sur ceux qui se trouvaient en ses mains à l'époque du jugement déclaratif.

Toutefois il n'est pas besoin de dire que la masse ne profitera des biens échus depuis la faillite que sous la déduction des charges qui la grèvent. Ainsi les conditions imposées par la donation devront être fidèlement acquittées et remplies par les créanciers; car, en ne s'y soumettant pas, ils s'exposeraient à une révocation de la part du donateur, et leur défaut d'exactitude aurait l'effet de priver le failli d'une propriété qui lui appartient personnellement et dont la masse n'a pas le droit de faire le sacrifice, puisque la propriété ne passe pas sur sa tête.

Egalement, il faut reconnaître que, si depuis le jugement déclaratif, une succession s'est ouverte pour le failli, les créanciers du défunt seront préférés à la masse sur les objets qui composent la succession ; car ces biens sont leur gage spécial, et l'héritier ne pouvant profiter que de l'excédant des biens sur les dettes, ses créanciers personnels ne pourront avoir plus d'avantage que lui. Les créanciers de la succession pourront donc demander la séparation des patrimoines, et jouir du bénéfice que la loi leur accorde. Toutefois, ils devront pour cela remplir les conditions qui leur sont imposées, et faire leur demande dans le délai ordinaire. S'il en était autrement, ils seraient déchus de leur privilége vis-à-vis de la masse, et leur demande tardivement faite ne serait plus accueillie. Dès l'instant qu'ils ont laissé écouler les délais pour l'inscription de leur privilége, la masse a le droit de s'emparer des biens de la succession, et les créanciers personnels du défunt ne peuvent plus utiliser leur préférence.

Mais que faudrait-il décider si, depuis le jugement déclaratif, le failli exerçait une industrie, ou s'adonnait à un nouveau commerce? il est incontestable que cette hypothèse peut se réaliser,

et que rien ne s'oppose à ce que le failli se livre à une nouvelle exploitation. Le dessaisissement qui le frappe ne paralyse nullement son activité personnelle, et, pourvu que le nouveau
commerce qu'il entreprend, ne soit pas alimenté
par les fonds que le dessaisissement a définitivement arrêtés, les créanciers ne peuvent l'empê-
,cher de faire une nouvelle entreprise. Ainsi,
si des amis dévoués, si sa femme, après la séparation de biens, veulent l'aider à se relever
de sa chûte, si, pleins de confiance en lui, ils
lui livrent de nouveaux fonds, le failli pourra
par ces secours tenter de nouveaux efforts. Mais
les bénéfices qu'il aura réalisés deviendront-ils sa
propriété exclusive, ou bien devront-ils être ad-
jugés à la masse pour en augmenter l'actif? Enfin les créanciers de la faillite viendront-ils réclamer et les sommes prêtées, et les bénéfices
qui auront été réalisés par le failli; ou bien les
nouveaux créanciers qui ont fait les dernières
avances auront-ils un droit de préférence pour
le prélèvement de ces fonds?

Sur cette dernière partie de la question, il ne
saurait s'élever de difficulté tant soit peu sérieuse. Si des bénéfices ont été réalisés, il est
évident qu'ils ne l'ont été qu'à l'aide des fonds
dont l'avance a été faite au failli; ces fonds sont

l'instrument et la cause première du gain que
le failli a pu se procurer ; et il serait par trop
injuste que la masse vînt, à son exclusion, s'emparer et des bénéfices et de l'argent prêté, pour
n'accorder au bailleur de fonds que le droit de
produire dans la faillite à concurrence des sommes qu'il a bien voulu confier au failli. Evidemment le failli lui-même, en lui supposant le plein
exercice de ses droits, ne pourrait s'opposer à
la distraction réclamée par son prêteur ; donc
la masse qui le représente ne pourrait réclamer
des avantages plus étendus. D'ailleurs c'est là
une conséquence nécessaire d'un principe sanc-
tionné par toutes les législations : *bona non dicun-*
tur, nisi deducto œre alieno.

Mais nous devons aller encore plus loin, et
nous pensons que la masse ne saurait prétendre
aucun droit même sur les bénéfices réalisés par
le failli au moyen de ses opérations nouvelles.
Sans doute le législateur a fait porter le dessaisissement sur la généralité des biens du failli,
et même sur ceux qui viendraient à lui échoir durant la faillite : mais les bénéfices réalisés par
son travail ne rentrent pas dans les biens échus
et cette dénomination ne convient exclusivement
qu'à ceux qui lui arrivent par voie de donation ou de succession. Sur cette sorte de biens

il avait des droits assurés, quoiqu'ils ne fussent pas actuels, et la masse succédant à ses droits a dû succéder à ses espérances. Mais les bénéfices qu'il réalise plus tard, sont d'une nature bien différente : ils lui arrivent par suite de son industrie ou d'un travail sur lesquels la masse ne peut avoir aucune prétention ; et en aucune manière ils ne peuvent être compris dans ceux que le législateur considère comme biens échus.

Du reste notre opinion s'appuie sur une analogie puisée dans la loi, et qui nous paraît déterminante. L'art. 488 porte en effet que les syndics pourront s'adjoindre le failli pour éclairer et faciliter leur gestion ; et, dans ce cas, la masse devra au failli une rétribution dont la quotité sera déterminée par le juge-commissaire. Or, peut-on voir dans ce travail du failli autre chose que des soins spéciaux, qu'une industrie particulière auxquels la masse n'a aucune espèce de droits ? et y a-t-il entre ces occupations et celles que nécessitera un nouveau commerce une différence telle que le failli doive à la masse le bénéfice qu'il retirera des unes, et non celui qu'il se procurera au moyen des autres ? Evidemment ces soins ont la même nature, et puisque la loi, dans l'art. 488, attribue au failli les bénéfices que lui donnent les soins auxquels il se consacre pour éclairer les opérations des syndics, c'est qu'elle lui reconnait un droit de propriété absolue et exclusive sur tous les gains qu'il fait au moyen d'une nouvelle industrie, pourvu que d'ailleurs, les capitaux qu'il y emploie, soient totalement étrangers à la masse.

2 3ᵉ *Effets du dessaisissement.*

L'une des branches les plus importantes de l'administration, c'est sans contredit celle qui est relative aux actions introduites ou à introduire soit en faveur du failli, soit contre lui. Le dessaisissement du débiteur devait donc avoir pour premier et principal effet, la translation des poursuites entre les mains des créanciers ou de leurs représentans. Tel est aussi l'objet de la disposition du 2ᵉ 2 de l'art. 443, aux termes duquel il est déclaré qu'à partir du jugement déclaratif de faillite, toute action mobilière ou immobilière ne pourra être suivie ou intentée que contre les syndics.

A cet égard, l'ancien Code de Commerce renfermait aussi une disposition expresse, celle de l'art. 494. Mais elle semblait, par sa rédaction, ne se rapporter qu'aux actions intentées contre la personne et les biens *mobiliers* du failli. La loi nouvelle a fait cesser les difficultés qu'auraient pu produire ces expressions restrictives ; et désormais toute controverse est impossible : Toutes les actions, quelle que soit leur nature, mobilières ou immobilières, civiles ou commerciales, doivent être suivies ou intentées contre les syndics.

Toutefois l'on doit faire une exception pour les actions correctionnelles ou criminelles auxquelles le fait serait exposé : les délits ou les crimes sont des faits personnels dont on doit aussi répondre personnellement : sous ce point de vue toute représentation est impossible ; et cette précision est trop sensible pour qu'il fût nécessaire de la consigner dans la loi.

Mais le dessaisissement qui frappe le failli, le soumet-il à une incapacité absolue pour ce qui concerne les actions à intenter ; ou bien faut-il reconnaître que cette incapacité est purement relative, et de la nature de celles que l'art. 1125 du Code Civil fait peser sur la femme mariée, sur les mineurs, et sur les interdits ?

A cet égard nous ferons observer tout d'abord que la loi, dans le 2e ? de l'art. 443, ne s'occupe que des actions à *suivre* ou à *intenter* contre le failli, et nullement de celle que le failli aurait à suivre ou à intenter *contre des tiers*. D'où l'on peut au moins induire cette conséquence, que, dans ce texte spécial, le législateur ne s'oppose pas à ce que le failli agisse personnellement, alors surtout que les syndics ne poursuivent pas eux-mêmes : et l'on ne peut repousser cette première observation en prétendant que l'article 443 dépouille le failli de l'administration de ses biens, car la question gît précisément à savoir si ce dessaisissement enlève au failli le droit d'intenter une action ou de la poursuivre.

D'autre part on peut ajouter que, bien que les syndics représentent spécialement la masse, ils représentent aussi le failli, et que bien souvent celui-ci peut avoir des intérêts distincts de ceux des créanciers. Alors la position des syndics devient plus difficile, et il serait injuste de refuser dans ces circonstances au failli la faculté d'agir pour la conservation de ses intérêts spéciaux. Sous ce second point de vue, il faut donc encore reconnaître que le failli n'est pas frappé d'une incapacité absolue, et que, s'il agissait contre des tiers, ceux-ci ne pourraient pas écarter ses poursuites par des fins de non-recevoir déduites de son défaut de qualité. Sans doute, les syndics sont investis par la loi ; mais le failli n'a pas abdiqué ses intérêts ; et il a le droit d'agir aussi bien que ses créanciers, parce qu'en veillant pour eux, il veille pour lui-même.

Ainsi, il peut interrompre une prescription, et les tiers ne pourraient se prévaloir de son dessaisissement pour faire considérer l'acte interruptif comme non avenu ; — Ainsi, encore, la signification d'un jugement faite, depuis la faillite à la requête du failli, fait courir contre les tiers les délais de l'appel (Lyon 25 août 1828). Ainsi, la Cour de Cassation a pu décider avec raison que le failli avait qualité pour se pourvoir en cassation contre un arrêt rendu entre les syndics et des tiers, lorsque les syndics ne s'étaient pas pourvus eux-mêmes (7 avril 1830). Enfin, et par application des mêmes principes, la Cour Royale de Poitiers a jugé que le failli pouvait personnellement revendiquer des biens détenus par un tiers, et que celui-ci n'était pas fondé à lui opposer son défaut de qualité (29 janvier 1829).

Il est donc bien reconnu que le failli n'est pas dépourvu de tout droit pour intenter ou poursuivre des actions que la loi attribue, sans doute, d'une manière plus spéciale aux syndics, mais dont elle n'enlève pas l'exercice au failli, du moins d'une manière explicite et absolue. Aussi déciderons nous que le dessaisissement ne frappe le failli d'incapacité absolue ni même relative, en ce qui concerne les actions intentées ou à intenter. Et cette vérité est tellement rigoureuse, que le failli lui-même ne serait pas reçu à invoquer la nullité des actes qu'il aurait ainsi faits; à la différence des mineurs, des interdits et de la femme mariée, qui peuvent toujours faire prononcer la nullité des actes dans lesquels ils sont intervenus sans l'autorisation des protecteurs que la loi leur donne.

Si, comme nous l'avons établi, et comme le porte textuellement l'art. 443, le failli ne peut défendre aux actions dirigées contre ses biens, il n'en est pas de même de celles qui touchent à ses droits personnels et qui portent atteinte à sa position dans sa famille. Ainsi il a qualité pour répondre à une demande en séparation de biens, et c'est contre lui personnellement, et non contre les syndics qu'elle sera dirigée. Seulement ceux-ci pourront y intervenir pour s'opposer à toute connivence qui tendrait à reconnaître à la femme des droits ou des avantages qui ne seraient pas réellement établis. Mais l'action directe doit être intentée contre le mari; c'est lui seul qu'elle regarde, et elle ne peut concerner que lui.

Il en serait de même d'une réclamation d'état. Ces contestations, par leur nature, sont essentiellement personnelles; elle n'atteignent que l'individu, et les créanciers qui n'y ont aucun intérêt, ne peuvent les soutenir ni par eux-mêmes, ni par les syndics qui les représentent.

' Nous avons déjà annoncé que, dans plusieurs circonstances, le failli pouvait avoir des intérêts distincts de ceux de la masse, et qu'alors il était juste de lui donner les moyens de garantir ses droits. Cette nécessité s'était fait sentir sous l'empire du Code de Commerce qui n'avait pas de disposition à cet égard. Aussi la jurisprudence, se basant sur le droit commun, avait-elle reconnu au failli un droit d'intervention dans les instances où il était intéressé. Cependant tous les tribunaux n'étaient pas d'accord sur l'étendue de ce droit d'intervention ; les uns voulaient qu'il fût absolu, et que le failli pût l'utiliser dans tous les cas, et quel que fût d'ailleurs l'objet et la nature du litige (Cour de Cassation, 8 mai 1838) ; d'autres le restreignaient soit au cas où les intérêts du failli peuvent être compromis par les syndics et sacrifiés à ceux des créanciers (Cour de Cassation, 19 avril 1826) ; soit même au cas où le failli avait à présenter d'autres moyens de défense que les syndics. Il était convenable que le nouveau législateur se prononçât entre les deux opinions qui divisaient la jurisprudence, et qu'il posât définitivement le principe. C'est ce qu'il a fait dans le ₹ final de l'article 443, en se référant complètement à l'appréciation des tribunaux qui ont reçu sur ce point un pouvoir discrétionnaire.

De même que par le fait de la faillite, ou du dessaisissement qui en est la conséquence, les voies d'action ne sont plus ouvertes aux tiers que contre les syndics, de même les voies d'exécution ne peuvent avoir lieu contre le failli personnellement. Dépouillé de tout son avoir qui est passé à titre de gage ou de nantissement entre les mains de ses créanciers, toute exécution contre lui, est devenue matériellement impossible. Aussi la loi dispose-t-elle dans le dernier ₹ de l'art. 443, que toute voie d'exécution, tant sur les meubles que sur les immeubles, ne peut plus avoir lieu que contre les syndics.

Quant à la poursuite directe contre le failli, celle de la contrainte personnelle, il faut également reconnaître qu'aucun des créanciers n'a le droit de l'exercer. La contrainte personnelle, en effet, n'est qu'un moyen coërcitif pour contraindre un débiteur récalcitrant à payer une dette; elle a pour but de faciliter au créancier le paiement de la créance. Or le failli, complètement dessaisi, ne peut s'acquitter. Il n'est pas possible, sans prêter à la loi la plus étrange

inconséquence ; de supposer qu'elle a voulu
autoriser la contrainte par corps, qui n'est qu'une
condition accessoire de l'obligation principale ,
contre un débiteur qu'elle a mis dans l'impo-
sibilité d'acquitter l'obligation, soit en le dessai-
sissant de ses biens, soit même en lui défendant
de payer, car le paiement qu'il pourrait faire
serait nul et rapportable à la masse.

Du reste, et ce n'est pas là l'effet le moins
important de la faillite et du dessaisissement, dès
l'instant que le jugement déclaratif a été prononcé, les poursuites individuelles de chacun
des créanciers sont suspendues en leurs mains :
la loi jalouse de l'intérêt de tous, et voulant conserver autant que possible les valeurs qui composent l'actif, n'a pas permis qu'elles fûssent
absorbées par les frais qu'auraient nécessairement
entraînés des instances distinctes. Elle a ordonné
une administration, une discussion, et une répartition communes. Là chaque créancier viendra successivement faire valoir et admettre ses
prétentions, et présenter ses motifs de défiance
contre les créances qui pourront être produites
concurremment avec la sienne; les opérations
auront plus d'ensemble, elles marcheront d'une
manière plus rapide, et l'on arrivera à une liquidation et à une distribution plus égale et plus

juste, sans avoir épuisé en frais inutiles les dernieres ressouces du failli.

Toutefois les créanciers nantis d'un gage ne seront pas placés sur la même ligne, et ils jouiront de la faculté de poursuivre leur paiement sur les objets qui leur auront été affectés, ainsi que nous le dirons dans une autre partie de cet ouvrage.

D'après ce principe, le locateur devrait avoir le droit de poursuivre individuellement et de suite le paiement de ses loyers sur les effets mobiliers qui servent à l'exploitation du commerce du failli, lesquels, ainsi que tout ce qui garnit ses locaux, sont le gage naturel de sa créance. Toutefois le législateur a cru devoir, dans l'intérêt de la masse, modifier ou du moins suspendre l'exercice de ce droit ; et l'art. 450 arrête ses poursuites à cet égard durant les trente jours qui suivent le jugement déclaratif. Pendant ce délai, les créanciers pourront se concerter pour désintéresser le locateur, et se ménager les moyens de continuer son exploitation.

Mais cette suspension cesserait, et le locateur pourrait immédiatement utiliser son privilége, s'il se trouvait en droit de reprendre possession des locaux : alors, en effet, les lieux loués doivent être rendus libres, et comme cela ne peut se faire sans enlever le gage du locateur, celui-ci ne permettra pas les enlèvemens s'il n'est intégralement désintéressé : le seul moyen d'y parvenir, c'est de faire vendre immédiatement.

CHAPITRE DEUXIÈME.

Des effets de la Faillite relativement aux dettes du failli, et de leur exigibilité.

S'il avait fallu attendre, pour procéder à la répartition de l'actif du failli, que toutes les créances fussent échues, dit M. Bravard-Veyrières, on eût, au grand détriment des créanciers et du débiteur lui-même, prolongé indéfiniment la liquidation de la faillite.

D'un autre côté, et d'après les principes du droit commun établis dans l'art. 1188 du Code Civil, le débiteur qui diminue par son fait les sûretés de ses créanciers, ne peut plus réclamer le bénéfice du terme : ce principe est de toute justice, car le terme était fondé sur la confiance, et dès que la solvabilité qui sert de base à la confiance a cessé, le terme ne peut plus être invoqué.

Tous les intérêts et tous les principes se réunissent donc pour rendre immédiatement exigibles les dettes du failli ; et l'art. 448 du Code de

Commerce en avait fait une juste application en déclarant que l'ouverture de la faillite rendait exigibles les dettes passives non échues : la même disposition a été reproduite dans l'art. 444 de la loi de 1838.

Mais quels sont la nature et le caractère de cette exigibilité anticipée ? est-elle absolue, ou simplement relative ; constitue-t-elle une réalité, ou une pure fiction ?

Nous devons établir dès l'abord qu'il n'y a et qu'il ne pouvait y avoir rien d'absolu dans cette disposition ; et que les créanciers ne seraient pas reçus à s'en prévaloir pour mettre en exécution des droits dont l'exercice est encore suspendu par le terme stipulé dès le principe. Ainsi ils ne pourraient agir par voie d'expropriation immobilière, ou de vente du gage, tant que d'ailleurs on remplit envers eux les conditions de l'obligation primitive; et c'est par application de ces principes que la Cour Royale de Bruxelles a décidé que le créancier hypothécaire ne pouvait faire saisir immobilièrement, lorsque les intérêts de sa créance lui étaient exactement servis. (5 décembre 1811.)

Le seul but du législateur, et le seul effet de la loi consistent à assimiler les créanciers porteurs d'un titre non échu à ceux dont les titres

6

sont déjà venus à échéance, à les autoriser à figurer comme eux dans les opérations de la faillite et dans la répartitions des deniers. Du reste, les rédacteurs de la loi de 1838, complétant sur ce point la disposition du Code de Commerce, ont pris soin de déterminer le sens de cette exigibilité : d'après le texte même, elle n'existe qu'à *l'égard du failli*.

Une conséquence de la précision que nous venons de signaler, c'est que le créancier porteur d'un titre échu, mais qui se trouve en même temps débiteur du failli, en vertu d'un titre non échu, ne peut invoquer l'exigibilité fictive établie par la loi, et prétendre que la dette est éteinte par la compensation. Si le fait de la faillitte rend exigibles les obligations à terme du débiteur, c'est seulement pour donner aux créanciers porteurs de titres non échus le droit de produire leur créances et de prendre part aux dividendes comme s'ils étaient porteurs de titres échus ; mais par cela même ces créances sont atteintes par la faillite, et, comme toutes les autres, elles doivent en subir les évènemens. D'autre part, le fait de la faillite a affecté à la masse toutes les sommes actuellement dues au failli ; le montant de la créance échue est devenu le gage spécial et la propriété de tous les créanciers, et la faillite l'a soustrait à toute compensation qui n'aurait pas été antérieurement opérée : par conséquent, elle ne se trouvera plus réellement entre les mains du débiteur lors qu'arrivera l'époque de l'échéance et de l'exigibilité réelle de sa créance contre le failli.

Par suite des principes généraux sur la compensation, il faut aussi décider que le créancier du failli, en vertu d'un titre échu, qui se trouve en même temps débiteur d'une autre somme, mais *à terme*, ne peut, en renonçant à ce terme, compenser ce qu'il doit avec ce qu'il lui est dû. La compensation, en effet, ne s'opère régulièrement qu'entre personnes qui sont respectivement créancières et débitrices l'une de l'autre et cette condition indispensable n'existe plus dès que la faillite a été déclarée, car il n'est plus le débiteur du failli, mais bien celui de la masse. (Cour de Cassation, 12 février 1811 et 17 février 1823.)

Pour compléter la théorie de la loi sur l'exigibilité des dettes, il nous reste à en examiner les effets relativement aux co-débiteurs et aux cautions.

Les principes à cet égard sont d'une grande simplicité.

Si le débiteur principal est tombé en faillite,

les cautions continueront à jouir du bénéfice
du terme : il a été l'une des conditions de leur
obligation ; et leur situation ne saurait être changée par un fait qui leur est étranger. Il ne seront donc tenus de payer qu'à l'échéance primitivement stipulée ; jusques-là ils ont le droit
de se refuser à toutes les demandes qui pourraient être intentés coutr'eux.

Si c'est au contraire la caution qui tombe en
faillite, il y aurait plus de raison à contraindre
le débiteur principal au paiement, car les sure-
tés du créancier sont diminuées par son fait.
Cependant il repoussera l'action en offrant une
caution nouvelle, car il remplace ainsi la garantie qu'il avait primitivement donnée ; et le créancier ne peut rien prétendre au-delà, puisqu'il
recouvre la position qu'il avait voulu se faire dès
le principe.

Si la dette est établie sur plusieurs têtes, la
faillite de l'un des co-débiteurs ne privera pas
les autres du bénéfice du terme : le créancier
produira dans la faillite pour la part et portion
du débiteur failli, dans ce cas où la dette est
divisible ; et, si elle est indivisible, il devra attendre l'échéance pour en réclamer le paiement
aux autres co-débiteurs.

Si la dette est solidaire, il faut induire des mê-

mes principes qu'elle ne devient exigible qu'à
l'égard du failli, et que les autres débiteurs ne
peuvent être déchus du bénéfice du terme; le fait
du failli ne peut modifier leur situation et diminuer
leurs droits : le créancier ne peut leur adresser
aucune réclamation avant l'échéance. Telle est la
règle générale basée sur les principes rigoureux
du droit.

Cependant le législateur y a fait une exception en matière de lettres de change ou de billet à ordre, lorsque l'un des signataires vient
à tomber en faillite.

Dans cette circonstance, l'art. 444 2e ?, dispose de la manière suivante : « Dans le cas de
faillite du *souscripteur* d'un billet à ordre, de
l'accepteur d'une lettre de change, ou du *tireur*
à défaut d'acceptation, les autres obligés seront
tenus de donner caution pour le paiement à
l'échéance, s'ils n'aiment mieux payer immédiatement.

Cette disposition exceptionnelle est justifiée
par la nature du titre : elle mérite, du reste,
un examen particulier.

Si c'est le *tiré* qui tombe en faillite, il est impossible de refuser au porteur le droit de demander au tireur et à tous les endosseurs, ou paiement immédiat, ou caution du paiement à l'échéan-

ce. Dès le principe, en effet, le tireur s'est engagé
à procurer au porteur, avant l'échéance, l'acceptation, et, à l'échéance, le paiement : les endosseurs, en transmettant le titre, ont successivement contracté le même engagement. Or le
tiré tombant en faillite avant l'acceptation, le
porteur ne peut utiliser son droit à cet égard ;
et, si l'acceptation a été faite avant la faillite,
cet évènement lui enlève toute valeur. Dans les
deux cas, la garantie du tiré est complètement
anéantie, et l'on doit reconnaître au porteur
le droit de demander à tous ses cédans une
garantie équivalente à celle qui vient de lui
échapper.

Si c'est le tireur qui faillit, le porteur perd l'une
des garanties qui lui ont été cédées, et la valeur de son titre a diminué : il a le droit de le
faire rétablir, et d'exiger des endosseurs une caution qui représente celle qui est devenue sans
valeur. Ce droit lui avait été reconnu par le
Code de 1808, dont la disposition consacrait un
principe de justice rigoureuse. — Mais la loi de
1838 n'a pas accordé ce droit au porteur dans
toutes les circonstances, et l'a restreint seulement au cas où le tiré ne donne pas son acceptation. Suivant nous, cette restriction de la loi
nouvelle doit être considérée comme une amé-

lioration. Sans doute, le porteur est privé d'une signature, et, sous ce rapport, sa situation est modifiée : mais cette perte n'est pas considérable, et la signature n'avait pas pour lui une grande valeur, puisqu'il a refusé de s'en contenter tout d'abord, et qu'il a exigé l'acceptation du tiré. Cette acceptation est la seule garantie à laquelle il ait attaché quelque prix dès le principe ; et, au fond, il est vrai de dire que son titre n'a pas subi d'altération ou de dépréciation réelle.

Mais qu'arrivera-t-il si c'est l'un des endosseurs qui tombe en faillite ?

Logiquement, dit M. Bravard-Veyrières dans son manuel, le porteur devrait pouvoir demander caution à tous les endosseurs postérieurs au failli, car ils ont tous cédé sa signature ; et ce droit lui était concédé par la législation du Code de Commerce. L'un des membres de la Chambre des députés, M. Wustemberg, avait même présenté un amendement en ce sens, dans la séance du 30 mars 1838. Mais cet amendement n'a pas été accueilli ; la disposition de l'ancien Code a été supprimée, et la loi de 1838 ne reconnaît plus au porteur le droit de réclamer une caution à ses cédans, dans le cas de faillite de l'un des endosseurs. Il est sensible que cet état de choses blesse les principes de la justice, et il faut espérer qu'une législation nouvelle viendra réparer à cet égard une négligence échappée aux auteurs de la loi de 1838.

Tout ce qui précède se rapporte spécialement aux capitaux des dettes non échues, et a pour objet de déterminer les caractères et l'étendue de l'exigibilité établie par la loi. Plus complète à cet égard que le Code de 1808, la loi nouvelle règle également le sort des intérêts de ces mêmes créances ; et les principes qu'elle établit à cet égard feront l'objet de notre examen.

Mais avant d'aborder les dispositions spéciales, nous devons signaler une différence qui existe, du moins dans la rédaction, entre la loi de 1838 et l'ancien Code de Commerce, sur une question fort importante dont la discussion servira de complément à la théorie que nous venons de développer.

Il s'agit de déterminer l'époque précise où les dettes non échues deviennent exigibles, et de fixer le point de départ.

Le Code de 1808 disposait que *l'ouverture de la faillite* rendait les dettes exigibles ; tandis que sous la loi nouvelle, c'est le *jugement déclaratif*. Mais il est évident que cette différence ne produit aucun résultat. Elle provient de ce que, sous l'empire du Code, l'ouverture était déterminée par le jugement déclaratif, tandis que la loi nouvelle admet la déclaration pure et simple de faillite par un premier jugement, et la fixation de l'ouverture par un jugement ultérieur. Mais l'exigibilité n'ayant pas d'autre effet que d'autoriser le créancier d'une dette non échue à produire dans la faillite et à prendre part soit dans la liquidation, soit dans la distribution, les deux législations arrivent au même résultat.

Venons aux intérêts des créances non échues.

Ainsi que nous l'avons déjà annoncé, le sort des intérêts à partir du jugement déclaratif, n'avait pas été explicitement réglé par le Code de Commerce. Mais les tribunaux avaient décidé que la cessation des paiemens arrêtait les intérêts de toute créance; et cette décision avait eu pour objet d'empêcher que les intérêts des créances considérables ne pûssent absorber l'actif de la faillite au préjudice des petits créanciers. Le législateur n'a donc eu qu'à sanctionner par une disposition expresse une jurisprudence sagement établie; et tel a été l'objet de l'art. 445. Il dispose que le jugement déclaratif de faillite arrête, à l'égard de la masse seulement, le cours des intérêts de toute créance non garantie par un privilége, par un nantissement, ou par une hypothèque.

Le doute n'est donc plus possible aujourd'hui :
les intérêts cessent par l'événement de la faillite,
mais à l'égard de la masse seulement. — Ils con-
tinuent à courir, soit contre le débiteur personnellement, soit contre les autres coobligés à la
même créance.

Mais cette cessation des intérêts commence-
t-elle du jour de l'ouverture de la faillite, ou
seulement du jour du jugement déclaratif? —

C'était là une question assez délicate sous
l'empire du Code qui n'avait rien réglé sur les
intérêts. L'on décidait généralement qu'ils
s'arrêtaient au jour de l'ouverture, par la raison
qu'à partir de cette époque, les capitaux n'ayant
rien produit pour la masse, elle ne devait rien
rendre; — on se basait d'ailleurs sur l'esprit de la
loi, et l'on disait que ce n'était pas tant parce que
la faillite était déclarée que les intérêts cessaient
de courir, mais bien parce qu'il y avait faillite.
Enfin la jurisprudence trouvait par là le moyen
de maintenir l'égalité entre les créanciers et de
les placer tous dans la même situation.

Quelque équitable que pût paraître cette décision, elle n'en était pas moins contraire aux
principes de la justice. Il ne fallait pas perdre de
vue que la loi qui prive le créancier de ses intérêts est toute exceptionnelle; que c'est bien

assez qu'elle produise une suspension pour l'a-
venir, sans lui attribuer encore un effet rétroac-
tif ; que cette rétroactivité serait une privation
nouvelle, et qu'il faudrait une disposition législative expresse, pour que les tribunaux eussent
la faculté de la prononcer. Du reste la loi nouvelle tranche elle-même la difficulté, car elle dispose que les intérêts sont arrêtés par le jugement
déclaratif, et, par cela même, elle reconnaît implicitement qu'ils courent jusqu'à cette époque.

On peut demander ce qu'il faudrait décider
dans le cas où le failli aurait, avant sa faillite,
souscrit des billets dans lesquels les intérêts auraient été réunis au capital, et ne seraient pas
encore venus à échéance à l'époque de la faillite.
Ces billets devraient-ils être admis au passif pour
la totalité de la somme qu'ils énoncent, ou seulement déduction faite de tous les intérêts postérieurs au jugement déclaratif?

Nous pensons sur cette question que les billets
ne peuvent compter pour la totalité de la somme
énoncée. Les intérêts ont été capitalisés, mais ils
n'ont pas perdu leur nature primitive, et ils
ne se sont pas tellement confondus avec le capital qu'ils fassent avec lui une seule et même
chose. Aussi n'adopterons-nous pas sur ce point
la doctrine de M. Lainné : elle nous paraît tout-

à-fait contraire au principe d'égalité que le législateur a voulu établir entre les divers créanciers.
Il faut convenir cependant, que si, pour lever
toute difficulté à cet égard, le créancier passait
ses billets à l'ordre d'un tiers, il serait fort difficile de refuser à ce dernier l'admission pour le
montant intégral. Mais ce moyen n'en serait pas
moins frauduleux, et il ne saurait devenir légitime par cela seul qu'il élude les dispositions de
la loi.

Aux termes du 1er 2 de l'art. 445, les intérêts
des créances ne sont suspendus au profit de la
masse que tout autant que le créancier n'a pas
exigé une garantie spéciale, un privilège, un
nantissement, une hypothèque. Alors en effet,
il a suivi la foi de son débiteur, et il doit être
rangé sur la même ligne que les autres créanciers.
Mais lorsqu'il ne s'est pas contenté d'une garantie
morale, et qu'il n'a engagé ses fonds que sur hypothèque ou nantissement, sa créance est dans
une position toute particulière, et le montant lui
en est garanti par le gage qui lui a été affecté.
Les biens soumis au privilège, au nantissement,
ou à l'hypotèque, sont en dehors de l'actif commun, et la masse ne peut aucunement s'opposer
à l'exercice d'un droit qui ne se fait sentir que
sur des valeurs spéciales. Aussi il était juste que

le créancier nanti d'un gage, pour une obligation portant intérêt, pût épuiser ce gage jusqu'à concurrence à la fois du capital et des intérêts. C'est ce droit qui a été consacré par la dernière disposition de l'art. 445. Par suite, et aux termes de cette même disposition, les intérêts de cette créance ne sauraient être pris que sur l'objet affecté ; et, si la valeur n'était pas suffisante, le créancier ne pourrait les réclamer à la masse. Toutefois, si, après la réalisation du gage, le prix de vente ne suffisait pas pour le paiement du capital, le créancier viendrait à la masse, comme chirographaire, mais pour l'excédant du capital, seulement. (Art. 546 et suiv.)

CHAPITRE TROISIÈME.

Des effets de la Faillite, relativement aux actes passés par le failli.

Nous l'avons souvent répété, les biens du débiteur sont le gage des créanciers, et ceux-ci peuvent, en leur nom personnel, attaquer les actes faits par leur débiteur en fraude de leurs droits. Ce sont là les principes du droit commun, consacrés par les art. 2092 et 1167 du Code Civil.

Mais la fraude est difficile à prouver, et d'ail-

leurs il est bien peu de faillites où elle ne se glisse
d'une manière plus ou moins profonde. Tantôt
c'est le débiteur qui dépouille la masse en sous-
trayant une partie de l'actif déjà réalisé, ou en le
réalisant dans l'unique but de se l'approprier ;
tantôt il assure à quelques-uns de ses créanciers
des avantages spéciaux ; tantôt enfin il simule
des dettes qui n'existent pas, et enlève ainsi à la
masse les débris de son actif. Dans toutes ces circonstances, il serait bien malheureux que les
créanciers dépouillés n'eussent pas d'autres
moyens pour reconstituer le gage, que celui
que leur ouvre le droit commun, et que les
divers actes contre lesquels s'élève leur juste
défiance, ne fussent annulés que tout autant
qu'ils en auraient établi le caractère frauduleux.

Aussi les divers législateurs se sont-ils demandé s'il n'était pas juste de faire peser sur tous
ces actes une présomption de fraude absolue,
et de les frapper d'une nullité de plein droit
lorsqu'ils auraient été faits par le failli à une époque voisine de la faillite.

Quant à ceux qui sont postérieurs au jugement déclaratif, il n'y a jamais eu de difficulté.
à partir de cette époque, le failli est frappé d'incapacité, la loi l'a complètement dessaisi, et tous
ses actes seront nécessairement nuls, du moins
relativement à la masse.

Mais doit-il en être de même de tous ceux auxquels il se sera livré antérieurement au jugement déclaratif, et notamment depuis le jour auquel le tribunal a reporté la date de la cessation des paiements? Les ventes, les achats qu'il aura faits dans cette période, seront-ils frappés de nullité? Les tiers avec qui il aura traité ne pourront-ils réclamer l'exécution de leurs conventions en établissant leur bonne foi?

Toutes ces questions sont de la plus haute importance, et elles ont été l'objet des méditations de tous nos législateurs. Aussi pour éclairer la portée des dispositions adoptées en 1838, il ne sera pas sans intérêt de jeter un coup d'œil rapide sur les diverses modifications qu'a subies en France le système de notre législation sur ce point.

L'édit de 1609, œuvre du chancelier de l'Hôpital, prononçait la nullité absolue de toutes les conventions postérieures a l'ouverture de la faillite dont l'époque était alors déterminée par la retraite du débiteur, ou par l'apposition des scellés. Cette disposition était la conséquence du principe qui servait de base à la loi : Dès l'instant que le législateur avait admis une période d'incapacité dont il fesait rétroagir la date, il lui avait semblé nécessaire d'annuler tous les actes faits pendant le cours de cette période.

Toutefois cette conséquence parut rigoureuse : elle nuisait au développement du commerce, en jetant de la défiance dans les relations habituelles ; les négociants s'en alarmèrent, et le régime de l'édit de 1609 fut remplacé par l'ordonnance de 1673.

Dans le système de cette ordonnance, Colbert qui en fut l'auteur, avait pris pour base le principe du droit commun, et n'avait rien fait au-delà. Sans s'occuper de l'époque où la convention avait été formée, que la date en fût antérieure ou postérieure à l'ouverture de la faillite, il fallait, pour en faire prononcer la nullité, établir l'existence d'un concert frauduleux entre le failli et les tiers. La seule disposition pénale, renfermée dans l'art. 4 de cette ordonnance, se bornait à déclarer nuls tous transports, cessions, ventes et donations de biens meubles et et immeubles, *faits en fraude* des droits des créanciers, et à en ordonner le rapport à la masse.

Cette législation était évidemment trop faible, et les créanciers n'y trouvaient pas des garanties suffisantes.

Déjà en 1667 la ville de Lyon avait adopté un réglement spécial, homologué par arrêt du conseil du roi, et dont les bases établissent un terme moyen entre les principes du droit commun

consacré par l'ordonnance de 1673, et la nullité
absolue prononcée par l'édit de 1609. Aux termes
de ce réglement on divisa les actes en deux catégories, la première, composée de ceux qui,
par leur nature, étaient évidemment frauduleux;
la seconde, de ceux dans lesquels, au contraire,
la bonne foi devait être présumée. Le réglement
de la ville de Lyon avait donc régularisé le double principe des nullités de plein droit appliquées
aux actes de la première espèce, et des nullités
subordonnées à la preuve de la fraude : celles-ci
s'appliquaient aux actes de la seconde catégorie.

Les bienfaits de ce système, dit M. Bravard,
n'avaient pas tardé à se faire sentir : bientôt on
éprouva le besoin de le rendre général, et d'en
appliquer les dispositions dans toute l'étendue du
royaume. Tel fut l'objet de la déclaration de 1702.
D'après ses termes, «toutes cessions et transports
« sur les biens des faillis étaient nuls et de nulle
« valeur, s'ils n'étaient pas faits dix jours au
« moins avant la faillite publiquement connue ;
« comme aussi, les actes et obligations passés
« devant notaires au profit de leurs créanciers,
« ou pour contracter de nouvelles dettes, ensem-
« ble les sentences rendues contr'eux, ne pou-
« vaient acquérir hypothèque ni préférence sur
« les créanciers chirographaires, si lesdits actes

7

« et obligations n'étaient passés, et si lesdites sen-
« tences n'étaient pareillement rendues, dix jours
« au moins avant la faillite publiquement connue.»

Ainsi fut régularisée et établie dans tout le
royaume la double catégorie des actes nuls de
plein droit et dépourvus de toute valeur, par cela
seul qu'ils avaient leur date, soit dans l'intervalle
de l'ouverture de la faillite au jugement déclaratif, soit dans les dix jours qui précédaient l'ouverture, et des actes qui pouvaient être annulés
en établissant la fraude.

Tel était l'état de la législation française lorsque l'on s'occupa de rédiger le Code de Commerce. Il faut le dire, la loi de 1808 fut calquée
sur la déclaration de 1702, et les mêmes bases
furent adoptées. Ainsi, d'après l'art. 443, nul
ne put acquérir privilége ni hypothèque sur
les biens du failli dans les dix jours qui précédaient l'ouverture de la faillite ; ainsi encore,
aux termes de l'art. 445, tous actes ou engagemens contractés par le débiteur dans la même
période étaient annulés, en établissant l'existence
de la fraude ; ainsi enfin certains actes étaient
frappés d'une nullité radicale et absolue relativement à la masse.

Toutefois le Code de Commerce fit quelques
changemens à la législation antérieure ; car, d'une

part, il établit un différence entre les actes translatifs de propriétés immobiliéres à titre gratuit, et les alienations à titre onéreux, déclarant les premiers nuls de plein droit, et les autres, seulement susceptibles d'annulation en cas de fraude ; et d'autre part il établit par une disposition spéciale la nécessité du rapport de toutes les sommes payées pour dettes non échues dans les dix jours qui précédaient l'ouverture de la faillite.

Malgré ces améliorations importantes, le système du Code était loin de présenter un ensemble complet et parfaitement harmonique. Ainsi, suivant l'observation de M. Bravard-Veyrières, il était contradictoire de maintenir la créance qui avait pris naissance dans les dix jours antérieurs à l'ouverture de la faillite, et d'annuler l'hypothèque consentie en même temps, pour sûreté de cette même créance ; — D'autre part, il y avait également contradiction à annuler les paiemens anticipés qui avaient eu lieu dans les dix jours, et à maintenir les donations d'objets mobiliers faites dans le même intervalle. — Enfin il était peu rationnel que le Code eut passé sous silence la constitution d'antichrèse, souvent aussi dommageable à la masse des créanciers que la constitution d'hypothèque.

Sauf ces imperfections et quelques difficultés
de détail, les législateurs de 1838 trouvèrent
un système organisé sur des bases dont une
longue expérience avait démontré l'utilité. Toutefois, dans les longues discussions qui s'établirent au sein des chambres sur l'examen des divers projets de la loi nouvelle, tout fut remis
en question, et les principes furent vigoureuse-
ment débattus.

Enfin les divers actes du failli furent divisés
en deux classes bien distinctes : l'une comprenant ceux auxquels il ne se livre que dans des
circonstances exceptionnelles, tels que les donations, les paiemens pour dettes non échues, les
paiemens pour dettes échues faits autrement qu'en
espèces ou effets de commerce, et les consti-
tutions d'antichrèse, de priviléges, d'hypothèque..... ; l'autre comprenant les actes ordinaires
et usuels de la vie commerciale, tels que les
achats ou paiemens ordinaires, les aliénations à
titre onéreux, etc., etc.

Pour les actes de la première espèce, les principes furent bientôt arrêtés. Complètement en
dehors des habitudes des commerçans, c'est à
leur aide que se commettent presque toutes les
faudes qui infestent les faillites ; et le législateur
n'a pas hésité à les frapper, relativement à la

masse, d'une nullité *de droit* : il fait peser sur eux une présomption légale et absolue de fraude, qui dispense de toute autre preuve et qui n'admet pas de preuve contraire.

Quant aux actes de la seconde espèce, sans doute ils appartiennent par leur date à une période suspecte ; mais, rentrant par leur nature, dans les opérations ordinaires du négociant, la loi n'a pu les environner de la même présomption de fraude : toutefois c'est là surtout que se sont élevés les débats les plus graves, les difficultés les plus délicates, les systèmes les plus opposés.

Quoi qu'il en soit, il est temps d'aborder les détails, et d'examiner avec soin les dispositions de la loi sur le sort des actes du failli, à quelque catégorie qu'ils puissent appartenir.

? 1er. *Des Actes spéciaux.*

Ils peuvent être ramenés à quatre classes que nous allons successivement parcourir.

Article premier.

Des Aliénations à titre gratuit.

Les actes de pure libéralité ont inspiré la plus grande défiance au législateur. Plus que tous les autres, ils portent à la masse des créanciers un préjudice considérable, puisqu'ils diminuent son actif en pure perte et sans aucune compensation. Aussi l'art. 446 déclare-t-il nuls et sans effet tous les actes translatifs de propriété à titre gratuit.

Toutefois cette nullité de plein droit n'est pas tellement générale, qu'elle doive frapper tous les actes des libéralité auxquels le failli a pu se livrer, à quelque date qu'ils se rapportent. Elle n'est prononcée que pour les donations faites, soit depuis l'époque déterminée par le tribunal comme étant celle de la cessation des paiemens, soit dans les dix jours qui ont précédé la faillite.

Mais faut-il induire de cette disposition de la loi que les donations antérieures sont à l'abri de toute atteinte de la part des créanciers?

Non assurément. A cet égard, il faudra se déterminer d'après les principes ordinaires du droit commun. — Tout ce qu'on peut dire, c'est que la date de ces actes, ne se rapportant pas à la période de suspicion absolue déterminée par le législateur, ils sont protégés par une présomption de validité, et que les créanciers ne peuvent les faire détruire qu'en établissant la fraude. Il faut même reconnaître que pour constituer la fraude, en cette matière, les tribunaux ne devront pas exiger la preuve de la collusion entre le donateur et le donataire. Ce dernier aurait beau établir sa bonne foi, la libéralité serait annulée par cela seul que l'on démontrerait la mauvaise foi du failli ; et cette mauvaise foi résulterait suffisamment de ce que le failli, au moment de la donation, avait des créanciers dont il ne pouvait ignorer l'existence : *Quamvis non proponatur consilium fraudandi habuisse,* disait la loi romaine, *tamen qui creditores habere se scit, et universa bona suâ alienavit, intelligendus est fraudandorum creditorum consilium habuisse.* Cette doctrine universellement admise est basée sur les principes les plus élémentaires du droit commun, et sur les règles de la justice la plus rigoureuse. Aussi ne fraudra-t-il pas craindre d'en faire l'application dans les limites les plus extrêmes.

Toutefois on a demandé si les réclamations des créanciers devraient être admises dans le cas où l'insolvabilité a cessé dans l'intervalle qui sépare la date de l'acte de celle de la faillite, et si la donation, faite par un négociant à une époque où il savait que ses biens étaient insuffisans pour faire face à ses dettes, pourrait être annulée sur les poursuites des créanciers, lorsque

le donateur, après avoir d'abord rétabli ses affaires, se trouve plus tard en faillite, par suite
de nouveaux accidens.

Il faut convenir qu'il sera fort pénible pour
le donataire de se voir dépouillé du bénéfice d'une
libéralité, alors surtout que le rétablissement
des affaires du donateur a pu le porter à se
considérer comme irrévocablement investi. Mais
quelque grave que soit une pareille considération, il n'en est pas moins vrai que la donation
était vicieuse dès le principe, que ce vice n'a
pas été purgé, que malgré le rétablissement
momentané des affaires du failli, on est revenu
à un état de choses où la donation augmente
l'insuffisance des biens; que l'intention de la
fraude et le fait de la perte se trouvent réunis,
et que dès-lors il y a lieu de prononcer la nullité.

Du reste, pour fixer le sort d'une donation,
et pour déterminer si elle est nulle de droit, ou
si elle est seulement susceptible d'annulation
sur la preuve de la fraude, ce n'est pas la date
de l'offre qu'il faut considérer, mais bien celle
de l'acceptation. Ce n'est que de ce jour, en
effet, que le donateur est obligé, et que la libéralité produit ses effets; et dès lors il faut reconnaître que la libéralité, faite antérieurement

aux dix jours qui précèdent la cessation de paiemens, mais acceptée dans cette période, est absolument nulle.

Inversement, et par suite des mêmes principes, une donation ne pourrait pas être déclarée
nulle par cela seul qu'elle aurait été transcrite
dans les dix jours qui précèdent la faillite. S'il
est vrai que la transcription soit une condition
extrinsèque de la donation, il est incontestable
aussi qu'elle n'influe, ni sur son existence, ni
sur sa validité ; et dès-lors, elle n'est pas atteinte
de la nullité de plein droit établie par l'art. 446,
si d'ailleurs elle est antérieure aux dix jours qui
précèdent la cessation des paiemens. Les créanciers pourront bien l'attaquer, mais ils n'en feront prononcer la nullité qu'en faisant la preuve
de la fraude.

L'art. 446 ne frappe pas seulement les donations proprement dites : elle comprend tous les
avantages faits à des tiers sous quelque forme
qu'ils puissent se présenter, les donations ou-
vertement faites, aussi-bien que les donations
déguisées, les libéralités directes aussi-bien que
les avantages indirects.

A la vérité, il sera souvent bien difficile de
distinguer les aliénations à titre gratuit des autres
à titre onéreux, de décider si telle remise ou li-

bération qui diminue l'actif, tel jugement que
le failli a laissé prendre, telle prescription qu'il
a laissée accomplir constituent des libéralités, s'il
faut les attribuer à la négligence du failli, ou à
sa volonté bien arrêtée de gratifier un tiers. Mais
dans ces circonstances le doute devra l'interpréter en faveur de la masse ; autrement on favo-
riserait les combinaisons de la fraude ; et c'est là
un écueil que les tribunaux doivent éviter avec
le plus grand soin.

D'après les dispositions du Code de Commerce,
le législateur n'avait déclaré nulles que les donations immobilières ; et, par une conséquence
nécessaire, les donations d'objets mobiliers faites
dans la même époque, étaient présumées valables. Une telle contradiction ne pouvait être
justifiée par aucune raison plausible ; à ne considérer même que la position du commerçant,
il y avait d'autant plus d'utilité à protéger la
masse contre les donations de valeurs mobilières,
que celles-ci, formant la plus grande partie de
son actif, il pourrait par ce moyen faire aisément
disparaître toute sa fortune.

Cette anomalie choquante a disparu sous l'action du nouveau législateur ; l'art. 446 a étendu
la nullité de droit aux donations mobilières aussi-
bien qu'aux libéralités immobilières ; et, en faisant
cette assimilation, la loi de 1838 a réalisé une

amélioration importante dont la nécessité était depuis long-temps universellement reconnue.

Aujourd'hui le doute ne peut plus exister, et toutes les libéralités, de quelque manière qu'elles soient établies, sont nulles de droit, ou annulables en cas de fraude, suivant que leur date les fait rentrer dans la période de suspicion déterminée par la loi, on leur assigne une existence antérieure. Mais à cet égard, les principes doivent encore être absolus, et ils ne peuvent souffrir aucune exception. Aussi faudrait-il reconnaître aux créanciers le droit de révoquer même les libéralités faites par le failli, au moment de son désastre, à des commis ou à des domestiques dont il veut récompenser le dévouement ou l'intelligence. Quelque soit le but d'une semblable gratification, il récompense des serviteurs avec l'argent de ses créanciers, et ceux-ci peuvent en demander la révocation, car nul autre qu'eux n'a le droit de se montrer généreux avec leur argent.

Article second.

Du paiement des dettes non échues.

Ce n'est qu'insensiblement, après de vains efforts et des embarras plus ou moins prolongés

que la détresse du commerçant se découvre enfin au public, et qu'elle est constatée par la voie
des tribunaux. L'expérience vient établir tous
les jours que rarement une faillite éclate tout-à-
coup. Dans les jours qui précèdent la catastrophe, la position du négociant devient de plus
en plus difficile; ses signatures sont en souffrance, ses paiemens languissent, et c'est avec
bien de la peine qu'il peut, à l'époque des
échéances, faire honneur à ses engagemens.

Or si, dans cette époque de gêne, il trouve
le moyen de solder des dettes qui ne sont pas
encore à échéance, s'il satisfait à des engagemens futurs, tandis qu'il ne peut remplir ses
obligations actuelles, ces paiemens anticipés doivent éveiller les soupçons de la justice. Ils seront
habituellement le résultat de l'obsession et de la
violence des créanciers; ou, de la part du débiteur, la suite d'une préférence injuste et par
conséquent frauduleuse. Quelquefois même le
créancier ne sera qu'un prête-nom, et le paiement ne sera, au fond, qu'une simulation coupable, dans le seul but d'enrichir le failli au détriment de la masse.

Le législateur de 1808 avait été frappé de ces
considérations, et c'est sous leur influence qu'il
avait ordonné le rapport de toutes les sommes

payées dans les dix jours qui précèdent l'ouverture de la faillite, pour dettes commerciales non échues. — Cette disposition a été reproduite dans l'art. 446 de la loi de 1838, qui assimile ces sortes de paiemens aux actes de donations mobilières ou immobilières, et les place sur la même ligne, pour les frapper d'une nullité de plein droit lorsqu'ils ont été faits depuis l'ouverture de la faillite, ou dans les dix jours qui l'ont précédée.

Du reste les paiemens pour dettes non échues dont la loi prononce la nullité ne sont pas seulement ceux qui ont été faits en argent; habituellement même, il sera fort difficile au négociant obéré, dans les dix jours qui précèdent sa faillite, de soustraire à ses créanciers un numéraire dont il est presque totalement dépourvu. S'il a des amis à favoriser, ou des créanciers dont il redoute les poursuites et l'influence, il arrivera au même résultat, soit par des cessions ou transports de créances, soit par des ventes d'immeubles ou de mobilier, soit par des compensations fictives; et tous ces moyens seront aussi préjudiciables à la masse que pourraient l'être des paiemens en numéraire. Aussi le législateur s'est-il appliqué à les proscrire, et la disposition de la loi nouvelle, plus explicite à cet égard

que celle du Code de Commerce, a frappé de nullité tous les paiemens anticipés, de quelque manière qu'ils soient opérés, soit en espèces, soit par vente, transport, compensation, ou autrement.

Quelque simples que soient ces principes, et quelque aisé qu'il paraisse d'en faire l'application aux cas spéciaux dans la pratique, il est cependant quelques difficultés de détail sur les quelles la doctrine et la jurisprudence ne sont pas encore unanimes.

Ainsi l'on a demandé en premier lieu, si celui qui reçoit le montant d'une facture à terme, sous la déduction de l'escompte, dans les dix jours qui précèdent la faillite, est tenu de faire le rapport à la masse.

Cette question est assez délicate. On peut dire pour la négative que, dans les ventes commerciales, le bénéfice du terme est l'équivalent de l'escompte, que l'acheteur peut choisir l'un de ces deux avantages, et contraindre même son vendeur à recevoir son paiement avant le terme, en déduisant l'escompte à partir du jour où il s'acquitte; que dès lors la présomption de fraude que la loi fait peser sur les paiemens anticipés dans les circonstances ordinaires, ne peut être appliquée dans cette circonstance, où la conduite de l'acheteur est dans les limites de son droit et de la bonne foi..

Malgré ces considérations qui ont entraîné de savant jurisconsultes, M. Pardessus et M. Lainné, l'opinion contraire doit avoir la préférence. Il est incontestable qu'au moment où le débiteur offre de payer, moyennant escompte, une dette pour laquelle il avait primitivement stipulé un terme, il sait parfaitement que son actif est insuffisant pour satisfaire à ses engagemens, puisqu'il ne paie pas même ses dettes échues. Il est donc par le fait de mauvaise foi; et d'ailleurs il est sous le coup de la présomption légale, car la disposition de l'art. 446 ne distingue pas : elle l'atteint directement, et même n'est établie que contre lui. Ce sera donc le cas d'appliquer les principes dans toute leur sévérité.

Mais en sera-t-il de même si le commerçant escompte ses propres effets, et faut-il décider qu'en agissant de la sorte, il fait un paiement anticipé frappé de nullité et soumis au rapport?

Cette question n'est qu'une variété de la précédente, et elle doit être résolue par les mêmes principes. Qu'importe, en effet, que l'anticipation de paiement ait lieu sur une facture, ou sur des billets à ordre qui ne sont, au fond,

que le réglement de cette même facture! Dans
la réalité, la dette est identiquement la même,
et elle n'a pas changé de nature par cela seul
qu'à un compte de marchandises payable dans
six mois, à partir de la livraison, le négociant
a substitué ses propres effets payables au même
délai. Si plus tard, et avant l'échéance, il escompte ses propres obligations, c'est comme s'il
escomptait à la même époque la facture primitive; et dès lors il fait un paiement anticipé, qui
rentre dans la précision de la loi, et qui se trouve frappé de nullité s'il se rapporte à le période
des dix jours qui précèdent l'ouverture de la
faillite.

Nous terminerons la théorie de la loi sur le
sort des paiemens anticipés, en examinant si la
nullité de plein droit, prononcée par le 2ᵉ ? de
l'art. 446, s'applique aux dettes civiles aussi bien
qu'aux dettes commerciales.

Sur cette question délicate, nous nous rallions
complètement à la doctrine professée par MM. Delvincourt et Pardessus, et nous pensons que la
présomption légale prononcée par l'art. 446,
est générale, absolue, et doit recevoir son application dans tous les cas.

A ne considérer que les termes dont le législa-
lateur s'est servi, on trouverait un premier ar-

gument dans la comparaison de la loi nouvelle
avec la disposition du Code de Commerce. La
loi de 1808 en effet, art. 446, ne s'occupait que
des *dettes commerciales*, et ordonnait le rapport
des sommes perçues par le créancier avant l'é-
chéance. Malgré les termes explicites de la loi,
la question était alors entière, et l'opinion de
MM. Delvincourt et Pardessus était suivie par
les meilleurs esprits. Aujourd'hui la rédaction a
été complètement changée, les mots *dettes
commerciales* ne se trouvent plus dans la loi, et
quoique le législateur n'ait pas expressément
compris les paiemens anticipés de *dettes civiles*
dans la nullité qu'il prononce, cependant l'obstacle qui résultait sous l'empire de l'ancien Code
de la présence dans la loi des expressions *dettes
commerciales*, est aujourd'hui complètement levé.
Il est vrai que cette rédaction est passée dans la
loi nouvelle, sans que la question ait été soule-
vée dans les débats parlementaires, et par conséquent on ne peut pas dire que le législateur
ait eu l'occasion d'exprimer sa pensée sur ce
point d'une manière formelle. Toutefois la suppression des anciennes expressions de la loi, en
présence surtout de la controverse à laquelle
s'étaient livrés les jurisconsultes, nous semble
une manifestation assez énergique. Il est de ces

8

vérités qui s'imposent d'elles-mêmes, s'établissant pour ainsi dire par leur propre poids, et qui n'ont pas besoin d'emprunter à la discussion un crédit qu'elles tiennent de leur essence, parce qu'elles sont la conséquence de principes incontestables et universellement reconnus. La question actuelle appartient à cette catégorie.

Si l'on se reporte, en effet, sur les considérations qui ont déterminé le législateur à frapper d'une nullité de plein droit les actes que nous avons compris sous la dénomination d'actes spéciaux, l'on verra que c'est surtout leur caractère insolite qu'il a eu en vue; et qu'ils n'ont éveillé sa rigueur, que parce que, sortant des habitudes ordinaires du commerçant, ils sont présumés faits dans un but frauduleux. Or, si la loi a annulé les paiemens anticipés de dettes commerciales, parce qu'il est tout à fait insolite qu'un négociant paie ses dettes avant leur échéance, il faut bien reconnaître que le commerçant est moins dans l'usage encore de payer par anticipation ses dettes civiles que ses dettes commerciales, et par conséquent, sous ce premier point de vue, la pensée du législateur ne saurait être révoquée en doute.

Décider autrement, ce serait dire que la loi, si sévère contre la fraude, quand il s'agit de dettes commerciales, veut l'établir au contraire quand il s'agit de dettes civiles ; — ce serait même la dépouiller de toute sanction, puisque le débiteur négociant n'aurait qu'à revêtir ses obligations de formes d'engagemens civils pour pouvoir frustrer la masse et ruiner ses créanciers ; — ce serait renverser tous les principes, et sacrifier tous les intérêts à l'avantage des combinaisons de la mauvaise foi.

Et l'on ne saurait prétendre que, dans le système de cette solution, on applique au débiteur qui a payé par anticipation une dette civile, des dispositions créées pour un état autre que le sien : car ce débiteur est failli, et c'est la loi des faillites qui doit régir la distribution de ses biens ; ce n'est pas contre lui qu'on applique la loi, mais contre le créancier qui a reçu son paiement par anticipation, et qui doit le rapport à la masse des sommes qui lui ont été comptées intempestivement ; à moins que l'on ne veuille prétendre que le débiteur est failli pour ses créanciers commerciaux et qu'il ne l'est pas pour ses créanciers civils ; en un mot, que son patrimoine se divise en deux parties dont chacune a son affectation spéciale à deux ordres de créanciers différens, et doit être soumise, pour sa distribution, à un régime particulier.

Il suffit d'énoncer une telle conséquence,
pour démontrer l'impossibilité d'un pareil sys-
téme.

§ 3me *Des paiemens de dettes échues faits autrement qu'en espèces ou en effets de commerce.*

Le 3me § de l'art. 446 de la loi nouvelle dispose
que les paiemens pour dettes, échues, faits autrement qu'en espèces ou effets de commerce sont
nuls, relativement à la masse, lorsqu'ils ont eu
lieu depuis l'ouverture de la faillite, ou dans les
dix jours qui précèdent cette ouverture.

Sans contredit, cette disposition toute nouvelle est une des plus utiles que présente la loi
de 1838; elle réalise une de ces améliorations
importantes dont on doit féliciter le législateur.
Et toutefois, ce n'est pas sans difficulté qu'elle
a pris place dans la loi : elle ne s'y est introduite
qu'à la suite de débats sérieux dont la gravité a
constaté son importance et son indispensable
nécessité.

Si la loi eût autorisé toute sorte de paiemens,
même pour dettes échues, c'en était fait des intérêts généraux, et tout l'actif d'une faillite serait devenu la proie de quelques créanciers ou
du failli lui même, au détriment de la masse.
Aussitôt que les premiers soupçons d'une faillite

auraient pris naissance, tous les porteurs d'engagemens échus se seraient précipités chez leur débiteur, et ne pouvant recevoir en numéraire le montant de leur créance, ils auraient exigé que le failli se dépouillât en leur faveur de tout ce qui se serait trouvé dans ses mains, en objets mobiliers, en immeubles, et surtout en marchandises; et le gage général aurait été ainsi dilapidé par quelques hommes, les plus entreprenans et les plus avides.

D'autre part encore, il est vrai de dire que les créanciers se seraient trouvés à la merci du failli: car il aurait pu, suivant son caprice, gratifier en immeubles, en mobilier, ou en marchandises ses créanciers de prédilection; et, par une connivence coupable, se ménager des ressources à l'avenir, au préjudice de ses créanciers.

Malgré ces considérations bien graves, les auteurs du Code de Commerce n'avaient pas prononcé la nullité de plein droit contre les paiemens faits pour dettes échues, et les avaient compris dans les actes susceptibles d'annulation sur la preuve de la fraude, sans distinguer entre les paiemens faits en argent ou effets de commerce, et ceux qui auraient été effectués en marchandises, en bijoux, en mobilier, ou même en immeubles.

C'est conformément à ces principes, et sur les bases du Code de 1808, qu'avait été réglé le projet de loi de 1835; et lorsqu'en 1837 la commission proposa d'annuler de plein droit les paiemens des dettes échues faits par transport ou vente de tout ou partie des immeubles ou du *mobilier* du failli, une vive discussion s'établit sur ce point dans la Chambre des Députés : et toutefois, il n'y eût aucun obstacle pour les paiemens faits en immeubles, car il parut impossible que la bonne foi pût avoir présidé à de semblables libérations.

Mais il pouvait en être autrement dans bien des circonstances pour les paiemens faits en mobilier ; dans le cas, par exemple, où les paiemens sont faits, soit en argent, soit en effets de commerce. La bonne foi peut parfaitement exister, du moins de la part du créancier qui, sans avoir le moindre soupçon du délabrement qui s'opère dans les affaires de son débiteur, reçoit de lui un paiement auquel il a droit puisque sa créance est échue, et que ce paiement lui est fait par les voies ordinaires et naturelles usitées dans le commerce, sans qu'on puisse lui reprocher d'avoir reçu des valeurs plus considérables, que celles qui lui étaient réellement dues.

Aussi la commission reconnut-elle tout d'abord, par l'organe de l'un de ses membres,

M. Stourm, que l'expression *mobilier*, dont elle s'était servie dans la disposition du projet, était beaucoup trop étendue, et qu'elle n'avait eu l'intention de comprendre dans la nullité de plein droit dont elle avait frappé les paiemens pour dettes échues, ni ceux qui avaient été faits en argent, ni ceux qui avaient eu lieu en effets de commerce.

Quelques orateurs demandèrent la même faveur pour les paiemens effectués en marchandises; mais il demeura constant que les paiemens en marchandises étaient dans tous les cas ruineux pour la masse, qu'ils sont presque toujours faits d'une manière frauduleuse, et que cette fraude existe à la fois soit de la part du débiteur, soit de la part du créancier, le premier, parce qu'il connaît toujours sa situation, le second, parce qu'il n'exige un paiement en marchandises que quand il a la conscience de l'insolvabilité de son débiteur; et quand c'est ce dernier qui fait à son créancier l'offre de le payer en marchandises, cette proposition doit donner la mesure de sa solvabilité actuelle; le créancier, qui accepte un semblable paiement, doit en induire que son débiteur n'est plus au niveau de ses obligations; elle le constitue en état de mauvaise foi.

Aussi les législateurs, convaincus que la bonne

foi ne peut se rencontrer que dans les paiemens pour dettes échues faits en espèces ou en effets de commerce, firent peser une présomption légale de nullité sur ceux qni auraient été opérés de toute autre manière, et la disposition passa dans la loi.

Ainsi modifié, le projet de la commission constitue un véritable progrès, et les motifs pleins de sagesse qui présidèrent à la rédaction définitive du 2ᵐᵉ ? de l'art. 446 de la loi nouvelle le mettent à l'abri de toute critique.

? 4ᵐᵉ *Des priviléges, hypothèques, et des droits d'antichrèse, de nantissement et de gage, constitués par le débiteur dans les dix jours qui précèdent la faillite, et jusqu'au jugement déclaratif.*

Le législateur avait voulu dans la loi nouvelle, mettre les intérêts de la masse à l'abri de toutes les combinaisons coupables du failli, et placer tous les créanciers dans une situation égale. Enveloppés dans un malheur commun, ils devaient tous subir de la même manière les conséquences de la position que leur avait faite leur confiance dans leur débiteur ; et, lorsque chacun d'eux avait traité avec lui de la même manière, il eût été injuste de ne pas leur accorder la même faveur. — Proscrire tous les traités et tous les

actes par lesquels le failli aurait pu se créer des
ressources au détriment de ses créanciers, s'opposer à toutes les combinaisons par lesquelles
quelques créanciers auraient pu se mettre dans
une condition meilleure que le reste de la masse,
tel a été le double but des rédacteurs du Code
de Commerce et des auteurs de la loi de 1838.

Jusqu'à présent, il faut le reconnaître, ils
n'ont pas manqué à leur importante mission, et
les améliorations introduites dans la loi étaient ou
indiquées par la jurisprudence, ou réclamées
par les progrès du commerce qui les avait ap-
pelées de tous ses vœux.

Mais pour compléter le système de leurs perfectionnemens, les législateurs de 1838 n'avaient
pas encore assez fait. Les dispositions de l'ancien
Code de Commerce sur les créanciers hypothé-
caires, étaient compliquées de difficultés sur lesquelles la jurisprudence exigeait une révision su-
périeure, et c'est à cet égard surtout que l'œuvre
était délicate et difficile.

Convaincus que la constitution d'hypothèque
constitue un moyen de fraude d'autant plus fatal
qu'il est plus aisé, et qu'il se présente habituellement sous les dehors de la bonne foi, les législateurs de 1808 voulurent le proscrire d'une manière absolue, et ils déclarèrent dans l'art. 443

que « nul ne pouvait acquérir privilége ni hypothèque sur les biens du failli, dans les dix jours
qui précèdent l'ouverture de la faillite ».

Mais cette disposition si rigoureuse et si absolue
était-elle bien juste? Fallait-il s'opposer aux traités
qu'un tiers de bonne foi aura pu faire avec le
débiteur dont il ne connaît pas la situation réelle,
alors surtout que ce traité ne porte aucun préjudice à la masse? Faut-il interdire au négociant
qui se voit sur le point d'être débordé par des
obligations auxquelles il n'a pas le moyen de satisfaire, d'emprunter sur hypothèque une somme
d'argent qui le remettra à flot, et lui permettra
de faire face à ses engagemens? Faudra-t-il avoir
plus de ménagemens pour le créancier qui exige
rigoureusement son paiement à l'échéance et qui
parvient à l'obtenir, que pour celui qui, plus hu-
main et plus traitable, a consenti à atermoyer la
dette et qui s'est contenté d'une nouvelle obligation avec hypothèqne!

D'autre part, n'est-il pas permis à un créancier qui, dès le principe, n'a pas voulu suivre la
foi de son débiteur, et qui n'a pas eu confiance
en sa garantie morale, d'exiger une garantie
réelle et de réclamer une hypothèque! Le
banquier qui ouvre un crédit au négociant, ne
peut-il pas exiger cette garantie de l'hypothèque

pour les sommes dont il consent à faire l'avance ;
et lorsque la garantie hypothécaire aura été stipulée dès le principe, ne pourra-t-il pas, quand
il le jugera convenable, utiliser, au moyen de
l'inscription, l'hypothèque primitivement concé-
dée ? —

Voilà tout autant de questions sur lesquelles
l'ancien Code de Commerce s'était prononcé
pour la négative. Son texte était absolu, car d'a-
près sa teneur, toute hypothèque acquise sur
les biens du failli dans les dix jours qui précèdent
l'ouverture de la faillite était nulle. Et toutefois
l'intérêt des tiers réclamait contre une décision
aussi rigoureuse, alors surtout qu'en réalité, la
masse n'avait pas à souffrir de pareilles conventions, et qu'à la place de l'immeuble hypothé-
qué, elle retrouvait la somme d'argent à concurrence de laquelle avait eu lieu la constitution
d'hypothèque.

Toutes ces considérations furent présentes à
l'esprit du nouveau législateur ; et il faut reconnaître qu'il n'était pas aisé d'établir des principes qui ne s'écartâssent pas des limites d'une
justice dont l'appréciation était d'ailleurs si délicate. Cependant la difficulté a été résolue avec
succés.

Le système de la loi de 1838 repose sur une

distinction bien simple, et il établit des règles
différentes suivant que l'hypothèque a été constituée pour une dette antérieure, ou pour une
dette actuelle.

Quand la dette est ancienne, et que, dès l'origine, le créancier suivant la foi du débiteur, s'est
contenté de sa garantie morale, il ne peut pas
ensuite, et quand le débiteur a cessé ses paiemens, changer la nature de sa créance primitive
en exigeant une hypothèque. Qu'il la réclame
ou qu'elle lui soit offerte, il n'est pas de bonne
foi en la recevant; car, dans le premier cas il
connait personnellement l'insolvabilité de son
débiteur, et, dans le second cas, l'offre qui lui est
faite doit lui en donner la certitude. Il est dans la
situation d'un débiteur qui recevrait son paiement en immeubles, et il n'est pas plus favorable que lui. En stipulant tardivement une hypothèque, il cherche à se faire une position exceptionnelle et à s'affranchir des pertes que subira
la masse. La loi ne tolère pas cette fraude; l'article 446 dans son dernier ₰ dispose que toute
hypothèque est nulle lorsqu'elle est constituée
dans les dix jours qui précèdent l'ouverture de
la faillite et jusqu'au jugement déclaratif, pour
dettes antérieurement contractées.

Que si au contraire la dette est *actuelle,* il n'est

pas plus défendu au nouveau créancier d'exiger une hypothèque, qu'on ne pourrait le lui défendre si le commerçant à qui il prête ses fonds était encore dans l'état le plus prospère. Alors tout concourt à faire présumer sa bonne foi. S'il eût craint que l'emprunteur fût actuellement insolvable, il n'aurait pas livré son argent, et n'aurait pas voulu s'exposer à une perte certaine. Quant aux créanciers qui composent la masse, ils ne peuvent se plaindre : si l'immeuble est soumis à une hypothèque, ils retrouvent dans l'actif la valeur pour laquelle cette hypothèque a été fournie. — D'un autre côté ils ne peuvent lui faire un reproche d'avoir stipulé un avantage illicite, car la constitution d'hypothèque a été, dès l'origine la condition du contrat. Or le législateur permettant au failli de s'obliger valablement, aux termes de l'art. 447, et validant les traités à titre onéreux lorsqu'ils sont faits de bonne foi, même après la cessation des paiemens, il ne pouvait s'empêcher de valider aussi l'hypothèque qui n'est que l'accessoire de l'obligation principale. Sans quoi les tiers prêteurs de bonne foi auraient trouvé dans la loi un piége contre lequel toute leur prudence n'aurait pu les prémunir, puisque le contrat que l'art. 447 valide vis-à-vis du failli, aurait été sans effet pour eux

dès l'instant qu'ils auraient été privés de l'hypothèque, garantie qui les a déterminés à faire seule
la remise de leurs fonds.

Cette distinction établie, et la loi ayant reconnu valables les hypothèques concédées antérieurement aux dix jours qui précèdent l'ouverture de la faillite, ainsi que celles qui ont été
constituées avant cette époque et jusqu'au jugement déclaratif, pour dettes antérieurement contractées, il restait à décider si l'hypothèque valablement acquise, pouvait être toujours utilement
inscrite.

A cet égard, le législateur ne devait pas perdre
de vue les intérêts bien entendus de la masse.
Le créancier qui ne veut prêter ses fonds que
sur une garantie hypothécaire, le banquier qui
ne se détermine à ouvrir un crédit que sur une
concession d'hypothèque, ne pouvaient pas, sans
danger pour les tiers, négliger de prendre leur
inscription. S'ils attendent, s'ils diffèrent jusqu'à
ce qu'une crise vienne à se manifester dans les
affaires de leur emprunteur, leur inaction a porté
un préjudice réel à ces tiers qui n'auraient pas
livré leurs fonds et n'auraient pas accordé leur
confiance à leur débiteur, s'ils avaient pu connaître la constitution d'hypothèque, s'ils n'avaient
pas dû considérer comme libres des biens qui,

dans le fait, étaient mystérieusement affectés à une créance antérieure.

Pour être juste, le législateur aurait donc dû dans tous les cas, imposer aux créanciers d'un commerçant la nécessité de faire inscrire leur hypothéque dans un délai déterminé, et prononcer une déchéance contre ceux qui, en négligeant de requérir ces inscriptions, auraient induit les tiers en erreur et laissé à leurs débiteurs un crédit mensonger. Mais à cet égard, il faut le dire, les rédacteurs de la loi de 1838 sont demeurés au-dessous de leur tâche, et la première disposition de l'art. 448 consacre un principe qui n'a rien de conforme aux règles de la justice.

Aux termes de cet article, les droits d'hypothèque, valablement acquis pourront être inscrits jusqu'au jour du jugement déclaratif de la faillite. Ainsi le créancier pourra, au gré de son caprice, et même, par une connivence coupable, différer indéfiniment l'inscription de sa créance hypothécaire, et tendre ainsi une embûche à la bonne foi des tiers, sans que ceux-ci puissent réclamer ensuite contre cette inscription tardive. Evidemment, il y a là une injustice choquante, et l'équité désavoue une semblable disposition.

Du reste le législateur a compris que ce prin-

cipe pourrait produire des résultats désastreux,
et dans la dernière partie de l'art. 448, il a es-
sayé d'en limiter l'étendue dans une période
assez restreinte. Mais son travail est demeuré
incomplet. « Néanmoins, porte le ¿ de cet article,
» les inscriptions prises après l'époque de la ces-
» sation des paiemens ou dans les dix jours qui
» précèdent pourront être déclarées nulles, s'il
» s'est écoulé plus de quinze jours entre la date
» de l'acte constitutif de l'hypothèque et celle
» de l'inscription. » Evidemment cette disposition vient servir de correctif au principe établi
dans le ¿ précédent et le législateur a fait preuve
de sagesse en établissant un délai moral à partir
de l'acte constitutif, dans lequel le bénéficiaire
du titre serait tenu de faire son inscription :
malheureusement cette disposition ne s'applique
qu'aux inscriptions prises après l'époque de la
cessation des paiemens, ou dans les dix jours
qui la précèdent ; et la loi est demeurée muette
sur le délai dans lequel doivent être inscrites,
sous peine de déchéance, les hypothèques constituées à des époques plus éloignées : celles-là
aussi augmentent faussement le crédit du débiteur, et sont, par conséquent, préjudiciables
aux tiers : aussi il eût été bien à désirer que le
législateur eût exigé l'inscription immédiate,

sous peine de déchéance. En ne le faisant
pas, nous devons le répéter, il n'est pas demeuré dans la ligne des perfectionnemens
que, jusqu'alors, il avait suivie avec tant de
bonheur.

Nous devons même dire qu'à ne considérer le
? de l'article qui nous occupe, que dans le cas
spécial où l'inscription a été prise après la cessation de paiemens, ou dans les dix jours qui précèdent, la disposition de la loi est empreinte d'un
caractère de faiblesse remarquable. Après avoir
permis aux débiteurs de concéder des hypothèques pour des dettes contractées dans la période
de suspicion légitime qui précède leur faillite,
et avoir fait un devoir aux créanciers de requérir immédiatement l'inscription de leur hypothèque, le législateur devait sanctionner sa volonté
d'une manière ferme, et cette sanction ne pouvait se trouver que dans une disposition rigoureuse, absolue; dans la nullité de toute inscription
prise après l'expiration du délai déterminé.

Au lieu d'adopter cette sévérité qui eût été
dans les limites d'une saine justice, la disposition de l'art. 448 laisse aux tribunaux la faculté
et de valider ou d'annuler à leur gré l'inscription
prise après la quinzaine qui suit la date du titre
constitutif. Le système consacré à cet égard par

9

les législateurs de 1838 est donc à la fois faible et incomplet : espérons qu'une nouvelle
révision viendra rétablir sur ce point l'harmonie
jusqu'à présent si satisfaisante et si parfaite de
notre loi.

Il n'est pas besoin de faire observer que le délai de quinzaine accordé pour l'inscription de
l'hypothèque, après la date du titre constitutif,
est augmenté d'un jour par cinq myriamètres
de distance entre le lieu où le droit d'hypothèque aura été acquis, et celui où l'inscription
doit être prise. Cette disposition est formelle,
et n'a pas besoin d'interprêtation.

Le Code de 1808 avait soumis à la même nullité, lorsqu'ils avaient été consentis dans les dix
jours qui précédaient l'ouverture de la faillite,
tous priviléges et hypothèques sur les biens du
failli; et la concision avec laquelle cette disposition était conçue avait donné naissance à de
graves difficultés.

Ainsi, dès le principe, et relativement aux
hypothèques, on avait douté si la nullité frappait à la fois les hypothèques légales et judiciaires, aussi bien que les hypothèques conventionnelles. La jurisprudence avait unanimement
adopté l'affirmative quant aux hypothèques judiciaires, parce que, tout aussi bien que les hy-

pothèques conventionnelles, elles pouvaient être
le résultat d'un concert frauduleux entre le failli
et le créancier.

Quant aux hypothèques légales, elles étaient
annulées lorsqu'elles provenaient d'une convention dont la réalisation dépendait de la volonté
du failli, comme l'hypothèque résultant d'un
mariage contracté dans les dix jours qui avaient
précédé l'ouverture de la faillite, celle qui prend
naissance dans l'acceptation de fonctions publiques, ou dans la qualité de comptable : mais
on respectait celles dont le principe est puisé
exclusivement dans la volonté de la loi, telles
que l'hypothèque légale du mineur ou de l'interdit sur les biens du failli appelé à la tutelle
dans cette période de dix jours.

Aujourd'hui la loi prononce formellement la
nullité des hypothèques soit conventionnelles,
soit judiciaires, et quant à la distinction relative
aux hypothèques légales, elle n'aurait aucune
application. Dès l'instant que le législateur ne les
a pas placées dans une situation spéciale, il
faut reconnaître qu'elles sont régies par le principe général qui domine la loi; c'est-à-dire qu'elles
suivront le sort de l'obligation principale à laquelle elles accèdent, et seront annulées ou
maintenues, suivant que cette obligation sera

elle-même déclaré nulle ou reconnue valable.

Relativement aux priviléges, l'on avait également distingué ceux qui venaient de la loi, et ceux qui prenaient naissance dans une concession volontaire du débiteur. Les premiers, c'est-à-dire, ceux dont s'occupe le Code Civil dans l'art. 2102, tels que les frais de justice, des gens de service, des propriétaires et bailleurs, de l'architecte, du commissionnaire, étaient maintenus quoiqu'ils eussent pris naissance dans les dix jours qui précèdent l'ouverture de la faillite. Ces priviléges étant attachés par la loi à la nature de la créance, les tribunaux avaient reconnu que leur existence n'admettait pas la possibilité de la fraude. Quant aux priviléges qui résultaient d'une convention, ils étaient frappés d'une nullité absolue et tombaient sous le coup de l'ancien art. 443.

Le législateur de 1838 n'a pas admis cette distinction ; et nous répèterons sur les priviléges ce qui a été dit relativement aux hypothèques légales ; c'est-à-dire que la loi n'ayant pas à leur égard établi de disposition spéciale, ils seront soumis aux principes généraux, et annulés ou respectés suivant que la créance à laquelle ils accèdent sera elle-même rejetée ou maintenue. Tel est l'esprit de la loi, ainsi qu'il résulte du rapport fait à la

Chambre des députés en 1835 par M. Renouard.
« Quant aux priviléges, disait ce député, votre
» commission a pensé que nulle mention ne doit
» en être faite. Inséparables de la créance à la-
» quelle ils s'attachent, ils sont destinés à en
» suivre le sort ; c'est de la nature même de
» la créance qu'ils résultent, et non d'une
» convention accessoire ou de la volonté des
» parties. »

« Un seul privilége, poursuit M. Renouard,
» celui du créancier nanti d'une antichrèse ou
» d'un gage, a paru à votre commission, de-
» voir être soumis aux mêmes dispositions que
» les hypothèques » et cela s'explique facilement.
L'hypothèque n'est en réalité et par sa nature
qu'une variété du gage, comme le nantissement
et l'antichrèse ; et dès lors le législateur devait
régler par les mêmes principes le sort de tous
ces actes. Les uns et les autres constituent
des avantages spéciaux de la même nature, et
prêtent également à la fraude : ils sont frappés
de la même proscription, et annulés dans les
mêmes circonstances. C'est là la disposition formelle de l'art. 446 qui déclare sans effets les
droits d'antichrèse et de nantissement lorsqu'ils
ont été constitués depuis l'ouverture de la faillite, ou dans les dix jours qui l'ont précédée,
pour dettes antérieurement contractées.

Du reste, les principes pour l'inscription des priviléges sont les mêmes que pour celle des hypothèques; l'art. 448 les comprend sous la même disposition. Ainsi l'inscription en pourra être valablement faite jusqu'au jour du jugement déclaratif de la faillite, et elle obtiendra sés effets pourvu qu'il ne se soit pas écoulé plus de quinze jours, depuis le titre qui donne naissance au privilége. Si ce délai avait été dépassé, les tribunaux pourraient se refuser à valider l'inscription, et par conséquent le privilége pourrait ne pas être utilisé.

? 2e *Des actes ordinaires.*

Avoir signalé avec soin et détail les divers actes que le législateur frappe d'une nullité de plein droit, c'est avoir fait connaître implicitement ceux qui ne sont pas soumis à la même nullité; c'est avoir dit que tous les actes qui ne se trouvaient pas dans les catégories que nous avons successivement parcourues, n'étaient pas sujets à la présomption légale de fraude, et que par conséquent, rentrant dans les termes du droit commun, ils devaient être présumés valables jusqu'à preuve contraire. Telle est la base de la disposition renfermée dans l'art. 447 de la loi de 1838.

Ce n'est qu'après bien de difficultés qu'elle a été définitivement placée dans la loi : comme nous l'avons déjà annoncé au commencement de ce chapitre, des discussions longues et approfondies se sont élevées dans les deux Chambres sur l'étendue des effets qu'il convenait d'attribuer aux actes ordinaires faits par le failli dans l'intervalle de l'ouverture au jugement déclaratif.

Les uns, à la tête desquels se présentait M. Teste, voulaient que tous les actes postérieurs à l'ouverture fussent frappés d'une nullité absolue. Suivant eux, il était contradictoire d'assigner à la faillite une date antérieure au jugement déclaratif, de faire par conséquent rétroagir l'incapacité du failli, et d'attacher cependant une présomption de validité à certains actes passés par le failli depuis la cessation réelle des paiemens. Ce système, il faut le dire, bien que rigoureux, avait l'avantage d'être extrêmement logique.

D'autres voulaient aussi que l'on admît contre les actes postérieurs à l'ouverture une présomption de fraude, mais une simple présomption *juris*, cédant à la preuve contraire. Ils prétendaient que, par le seul fait de faillite, le débiteur se trouve placé dans un état de prévention,

qu'il devient comptable à ses créanciers de sa
conduite antérieure, et qu'il doit justifier les
causes qui ont amené sa faillite. Que si ses actes
antérieurs sont suspects, les actes postérieurs
doivent l'être davantage; qu'enfin si, dans les
cas ordinaires, la fraude n'est pas présumée,
mais doit être prouvée par ceux qui l'allèguent,
c'est le cas de faire fléchir les principes en matière de faillite, et de faire peser sur tous les
actes du failli une présomption générale de fraude. Toutefois cette présomption ne devait pas
être absolue et pouvait être détruite par le failli,
en établissant sa bonne foi. Cette preuve était
laissée à sa charge personnelle; la masse était
garantie par la présomption de fraude que la loi
fesait peser sur tous les actes postérieurs à la
cessation des paiemens, et jusqu'à ce que le
failli eût administré la preuve qui lui était imposée, les créanciers n'avaient rien à prouver. Ce
système avait pour lui l'autorité de la jurisprudence assez généralement établie par les décisions
de plusieurs Cours Royales.

Enfin M. Mauguin se fit l'interprête d'une troisième opinion qui était basée sur les principes
les plus rationnels et les plus justes, et qui
passa définitivement dans la loi. Suivant le sys-
tême de ce député, ce n'est pas une nullité ab-

solue, ce n'est pas même une simple présomption de fraude, qu'il faut faire peser sur les actes
ordinaires du failli, postérieurs à l'ouverture de
la faillite : la nullité absolue aurait l'inconvénient
de faire rétroagir le dessaisissement *de droit* jusqu'à l'époque de la cessation réelle, alors qu'*en*
fait le failli était resté saisi et avait administré
jusqu'à la déclaration. Et, quant à la présomption de fraude, les difficultés qu'elle présenterait
ne seraient pas moins graves. En effet, forcer le
créancier qui a été payé à prouver qu'il ne connaissait pas la cessation des paiemens, ce serait mettre à sa charge une preuve négative, et par conséquent impossible.

Il était plus sage de protéger d'une présomption de bonne foi tous les actes ordinaires faits
depuis l'époque de l'ouverture de la faillite, et
par conséquent de les considérer, en principe,
comme parfaitement valables : seulement il fallait ordonner que cette présomption favorable
disparaîtrait devant la preuve contraire, et que
les créanciers de la masse seraient admis à les
faire annuler en établissant, qu'à l'époque où ils
avaient été passés, le tiers qui traitait avec ce
failli avait connaissance de la cessation des paiemens. Ce système protégeait tous les intérêts et
conciliait tous les droits : sévère sans rigueur, et

prudent sans faiblesse; il respectait les droits
acquis tout en proscrivant la fraude, et réalisait
ainsi le but que doit se proposer tout législateur,
une justice saine et bien mesurée.

Ce système triompha, et il fut consigné dans
l'art. 447 dont la disposition porte que : « Tous
» autres paiemens faits par le débiteur pour det-
» tes échues, et tous autres actes à titre oné-
» reux par lui passés après la cessation de ses
» paiemens et avant le jugement déclaratif, pour-
» ront être annulés, si de la part de ceux qui
» ont reçu du débiteur ou qui ont traité avec
» lui, ils ont eu lieu avec connaissance de la
» cessation de ses paiemens. »

D'après ces principes, la preuve de la mauvaise
foi demeure à la charge des créanciers qui demandent la nullité de l'acte ; cependant les juges
pourront admettre, non seulement les preuves
écrites, mais encore toute espèce de preuves et
même de simples présomptions.

Les principes étant ainsi posés d'une manière
générale dans l'art. 447, il semblait naturel d'en
faire l'application dans toutes les circonstances
et à toutes sortes d'actes à titre onéreux passés
depuis l'ouverture de la faillite, jusqu'au jugement déclaratif. Il paraissait nécessaire notamment, d'obliger toute personne qui a reçu une

somme en paiement, dans cet intervalle, à en faire le rapport, lorsque les tiers prouvaient qu'à l'époque où cette somme avait été comptée, le créancier qui l'avait reçue avait connaissance de l'insolvabilité, de la cessation de paiemens.

Cependant la loi consacre une exception, lorsqu'il s'agit de paiemens faits entre les mains du tiers porteur sur des lettres de change, ou sur des billets à ordre. Et toutefois nous établirons que cette exception n'est au fond qu'une modification du pricipe, et que, loin de le contrarier, elle en fait l'application à une position spéciale. Aussi la disposition de la loi à cet égard, innovation due à la révison 1838, consacre-t-elle à une amélioration réelle et sensible.

Sous l'empire du Code de Commerce, les paiemens sur lettres de change ou sur billets à ordre avaient été considérés comme des paiemens ordinaires; et, d'après les dispositions générales de l'art. 447, et du 2e ? de l'art. 444 du Code de Commerce, le rapport en était dû par le porteur. Cependant il n'aurait pas dû en être ainsi.

En effet, si l'on examine la nature du contrat de change, il est sensible que les endosseurs successifs et le porteur sont bien propriétaires de la traite, les uns vis-à-vis des autres; mais dès l'origine, le *tireur* et le *tiré* seuls sont réellement

obligés ; quant aux endosseurs, loin d'être les
créanciers directs du tiré, ni du tireur, ils sont
les mandataires de ce dernier, et les représentans
successifs les uns des autres. Aussi le vrai débiteur du porteur n'est nullement le tiré, mais
bien son cédant direct, et définitivement le tireur ; car si le paiement à l'échéance lui était refusé, il aurait le droit de remonter jusqu'à lui
en vertu de l'action récursoire, et il serait intégralement remboursé. Toutefois le porteur a ac-
cepté un mandat en recevant la lettre de change
par voie d'endossement ; et ce mandat, il ne peut
le remplir qu'en se présentant à l'échéance chez
le tiré, et en lui demandant le paiement de son
titre La loi lui en impose l'obligation formelle,
et il ne saurait s'y soustraire sans danger, car
l'art. 163 du Code de Commerce dispose que le
porteur n'est dispensé du protêt, ni par la mort,
ni par la faillite de celui sur qui la lettre de change
était tirée.

L'obligation imposée au porteur de se présenter
au tiré, entraîne nécessairement celle de recevoir ;
et si le porteur se refusait à prendre son paiement
malgré l'offre du tiré, son refus le priverait de
tout recours contre son cédant direct : aussi le
paiement qui lui aura été fait par le tiré sera
parfait en ses mains. Le porteur est dans cette

situation que, d'une part, tant que tous les endosseurs et le tireur ne sont pas tombés en faillite, il ne peut pas perdre la valeur énoncée
dans la lettre de change, car à défaut de paiement par le tiré, il a contr'eux son recours; et
que d'autre part il ne peut exercer son recours
qu'au cas de non paiement par le tiré. La loi ne
pouvait le placer dans la nécessité de rapporter
à la masse le montant de la lettre de change, et
le contraindre ainsi à supporter les conséquences
d'une faillite à laquelle il était complétement
étranger, puisque le failli n'avait jamais été son
débiteur personnel. Le rapport ne devait donc
pas être fait par le porteur, quelque connaissance
qu'il eût de l'état d'insolvabilité du tiré à l'époque où sa lettre de change lui a été payée. Cette
exception au principe général était nécessaire;
elle était commandée par la nature des choses.

Et toutefois la masse ne pouvait être victime
d'une pareille situation, et il ne fallait pas qu'elle
fût privée absolument et d'une manière définitive
du montant des sommes ainsi payées par le failli :
la loi ne pouvait sans injustice les affranchir du
rapport. Sans doute le porteur qui les a touchées
peut bien n'avoir à cet égard aucun compte à
rendre; mais les créanciers ne peuvent en faire
le sacrifice, et il faut bien concilier les intérêts

divers qui se présentent avec leurs droits res-
pectifs. Le rapport aura effectivement lieu ; mais
il ne sera pas fait par le porteur ; et c'est là ce
qui constitue, non pas l'exception, mais la modification apportée au principe, car, dans cette
circonstance, la restitution est faite à la masse
par un autre que celui qui reçoit des mains du
failli le paiement de la créance.

Sur qui tombera donc l'obligation du rapport?

La règle d'équité à cet égard, c'est que le
rapport devra être supporté par celui qui aura
profité du paiement. — Dans la lettre de change,
si le protêt avait eu lieu à l'échéance, les actions
récursoires qui se seraient succédé auraient eu
pour résultat de ramener le titre à sa position
primitive, c'est-à-dire, à redemander au *tireur* un
paiement qui n'aurait pas été effectué par le
tiré. D'un autre côte, c'est le tireur qui, dès le
principe avait eu tout l'avantage du contrat réalisé par la lettre de change, puisqu'il ne l'avait
consentie qu'en remplaçant une somme d'argent
qui lui était due par le *tiré,* par une somme égale
qui lui était immédiatement comptée par le *pre-
neur.* Par conséquent, lorsque le failli a payé
cette lettre de change à l'échéance, c'est la
créance du *tireur* qui a été acquittée, c'est lui
et non le *porteur* qui a reçu son paiement. C'est

donc sur lui, et non pas sur le porteur, qui n'est que son mandataire, que devra retomber l'obligation du rapport.

Pareillement, si le paiement a été fait sur un billet à ordre, le porteur n'est encore que le représentant du premier bénéficiaire, c'est-à-dire du premier endosseur ; c'estla créance de ce premier endosseur qui a été acquittée, et par conséquent s'il y a lieu à rapport, c'est par lui qu'il devra être effectué.

Ces observations toutes basées sur la nature spéciale des effets de commerce, ont été consacrées par les dispositions de l'art. 449 de la loi de 1838, constitutive à cet égard d'un droit entièrement nouveau. Aux termes de cet article, c'est toujours le porteur de la lettre de change, ou le premier endosseur du billet à ordre qui devra faire le rapport.

La nécessité du rapport étant ainsi établie en principe, reste à se demander s'il doit avoir lieu dans toutes les circonstances, et sans s'inquiéter de la bonne ou de la mauvaise foi du tireur de la lettre de change, ou du premier bénéficiaire du billet à ordre.

A cet égard encore, il faudra faire l'application des principes généraux et établir que le paiement fait sur effet de commerce, comme sur tout autre titre est présumé valable, et qu'il ne peut être annulé que tout autant que celui, par qui le rapport doit être fait, avait connaissance de l'état d'insolvabilité du *tiré*, s'il s'agit de lettre de change, ou du *souscripteur*, s'il s'agit d'un billet à ordre.

Mais à quelle époque faudra-t-il que se rapporte la mauvaise foi du tireur ou du premier endosseur, pour que la somme reçue soit sujette à rapport ?

L'art. 449 dans sa disposition finale, décide que le rapport ne pourra être exigé que lorsqu'il sera établi, qu'à l'époque de l'émission du titre, le tireur ou le premier endosseur avaient connaissance de la cessation des paiemens. Sous cet autre point de vue, l'art. 449 fait une nouvelle exception aux règles du droit commun.

Dans les dettes ordinaires, en effet, la masse, qui demande le rapport, est seulement tenue de prouver la mauvaise foi du créancier à l'époque où il a reçu son paiement des mains de son débiteur. Sans doute, si la fraude remonte à l'origine du titre, le traité sera annulé de plein droit ou sur la preuve de la mauvaise foi, mais ce sera d'après d'autres principes. Mais en matière de paiemens, la loi déclare susceptibles d'annulation et de rapport ceux qui ont été reçus à une époque où le créancier savait que son débiteur était en état de cessation de paiemens. Or, à ne se déterminer que d'après cette règle générale, l'existence de la mauvaise foi du tireur ou du premier endosseur à l'échéance de la lettre de change, aurait dû suffire pour faire ordonner le rapport. Toutefois la loi n'en a pas disposé ainsi, et elle n'ordonne le rapport en faveur de la masse que lorsque le tireur ou le premier endosseur connaissait l'insolvabilité du tiré, à l'époque de l'émission du titre.

Or, l'époque de l'émission n'est autre que celle où l'effet de commerce a été livré à la circulation par le bénéficiaire, c'est-à-dire, le jour même de la date, s'il s'agit d'une lettre de change, et le jour du premier endossement, s'il s'agit d'un billet à ordre ; car c'est alors que le tireur ou le premier endosseur reçoit, par anticipation, de son cessionnaire, une somme qui ne lui est due par le tiré ou par le souscripteur qu'à l'époque indiquée par l'échéance du titre ; c'est alors que le titre est réellement émis.

La mauvaise foi du tireur de la lettre de change ou du souscripteur du billet à ordre aurait beau exister à l'époque où le paiement est reçu par le porteur : cette circonstance ne suffirait pas pour le condamner au rapport, si d'ailleurs elle n'existait pas aussi lorsque le tireur a

créé la lettre de change, ou lorsque le premier
endosseur a fait circuler le billet à ordre qui avait
été souscrit en sa faveur.

Tels sont les principes établis par la loi nouvelle : il est facile de les saisir, mais il est beaucoup moins aisé de les justifier. Que le législateur
se fût borné à ordonner le rapport lorsque le tireur ou le premier endosseur auraient été de
mauvaise foi à l'époque de l'émission du titre,
sa disposition aurait été dictée par un esprit de
justice : en effet le créancier aurait reçu par anticipation, des mains de son cessionnaire, le montant d'une dette dont il ne pouvait exiger le paiement qu'à une époque plus éloignée ; et alors
l'obligation du rapport lui était imposée de plein
droit par le 3me ? de l'art. 446. Mais ajouter que,
le tireur de la lettre de change ou le premier
endosseur du billet à ordre, ne sera pas obligé à
rapporter lorsqu'au moment du paiement il avait
connaissance de l'insolvabilité du tiré ou du
souscripteur, et n'ordonner le rapport que tout
autant que les créanciers établiront que la mauvaise foi de celui qui a émis le titre remonte au
jour de l'émission, c'est là une disposition que
rien n'explique, une exception qui ne peut être
justifiée ou légitimée par aucune considération
rationnelle ou plausible.

Le législateur eût été beaucoup plus juste si, sous ce rapport, il avait conservé les principes du droit commun, et si la masse avait pu exiger le rapport des sommes payées en établissant l'existence de la mauvaise foi de celui qui a été libéré, à l'époque où le paiement a été effectué, quelque fût d'ailleurs la nature du titre, lettre de change, billet à ordre, ou créance ordinaire. Dans tous les cas, la situation de la masse est identiquement la même, et il n'y a pas de raison pour lui imposer plus de sacrifices dans une circonstance que dans l'autre.

SECTION QUATRIÈME.

De l'exécution provisoire du jugement déclaratif, et de la manière dont il peut être réformé.

Le jugement qui déclare l'existence de la faillite, et celui qui détermine l'époque de la cessation des paiemens, touchent à des intérêts essentiellement opposés, plus graves les uns que les autres. Aussi est-il bien rare qu'ils ne provoquent pas quelque mécontentement. Tantôt ce sont les tiers qui se plaignent de ce que le jugement reporte la faillite à une époque trop éloignée, et les prive de l'utilité d'un titre sur la validité duquel ils ne devaient pas avoir la moindre défiance. Tantôt au contraire, ce sont les créanciers constituant la masse, qui pensent que la cessation réelle des paiemens a une origine bien antérieure à celle qui a été déterminée par le tribunal. Tantôt enfin, c'est le failli lui-même qui veut se soustraire aux conséquences d'un jugement déclaratif arraché par la malveillance.

Dans toutes ces circonstances le législateur devait accorder à tous ceux qui prétendent que leurs droits ou leurs intérêts ont été lésés, la faculté de faire réformer le jugement qui les sacrifie : une décision qui peut avoir des résultats aussi désastreux ne devait pas être définitive.

Toutefois le but du législateur aurait été manqué s'il eût été possible de suspendre, par un simple acte d'opposition, les mesures toutes protectrices du régime des faillites. Etablies dans l'intérêt des créanciers et dans celui du débiteur lui-même, elles doivent recevoir immédiatement leur exécution ; et c'est dans ce but que l'art 440 de la loi de 1838 déclare que le jugement sera exécutoire par provision. Cette disposition est la sauve-garde des intérêts généraux, et la sanction légale du jugement déclaratif.

L'exécution provisoire ne doit pas, d'un autre côté, empêcher les personnes intéressées

d'utiliser les moyens de réformation qu'elles ont
à opposer : aussi l'art. 580 dispose-t-il que « le
» le jugement déclaratif de faillite, et celui qui
» fixe à une date antérieure l'époque de la ces-
» sation des paiemens, sont susceptibles d'oppo-
» sition. »

Les mêmes principes d'exécution provisoire
et d'opposition étaient consacrés par l'art. 457
du Code de Commerce de 1808. Mais sous l'empire de l'ancienne loi, l'exercice du droit d'opposition avait donné lieu à plusieurs difficultés qui
n'ont pas été décidées par les nouvelles dispositions. Avant d'en aborder l'examen, et pour en
rendre la solution plus aisée, il est bon d'exposer
avec précision l'ensemble du système établi par
le législateur de 1838. —

Il n'a pas voulu d'abord que l'exercice du
droit d'opposition fût indéfiniment suspendu ;
et il en a limité la durée. Prenant pour point
de départ le jour où avait eu lieu l'insertion par
extrait ordonnée par l'art. 442 de la loi nouvelle, il a varié les délais suivant la qualité des
personnes par qui l'opposition est relevée.

1° Si elle émane du failli, le délai est de hui-
taine ;

2° Si elle émane de tout autre intéressé, elle
sera faite dans le mois ;

· 3° Quant aux créanciers, il sont recevables à former opposition jusqu'à l'expiration des délais fixés pour l'affirmation et la vérification des créances.

Il est évident que, parmi les parties intéressées autres que le failli, le législateur a placé les créanciers dans une situation spéciale, et que par ces mots *toute autre partie intéressée*, qui se trouvent dans l'art. 580, il faut entendre les tiers, quels qu'ils puissent être, autres que les créanciers ; ceux, par exemple qui ont traité avec le failli, qui ont reçu un paiement anticipée, une hypothèque, une donation, etc.... Du reste, les differences établies pour les délais de l'opposition, d'après le qualité des personnes qui peuvent user de cette voie, se justifient facilement.

. Du failli aux autres intéressés, la raison de différence est sensible : le premier, a nécessairement connaissance du jugement déclaratif de faillite aussitôt qu'il a été rendu. Il n'a donc pas besoin d'un long délai pour former son opposition. Les autres parties ne sont pas dans la même situation ; il faut leur laisser le temps moral nécessaire pour qu'elles puissent être informées.

Quant aux créanciers, leur position ne peut

être confondue avec celle des autres intéressés.
— En effet, les tiers autres que les créanciers,
ont un titre à faire valoir; et, pour cela, ils doivent établir que le tribunal a reporté l'ouverture de la faillite à une époque où le failli se
trouvait encore en état de prospérité, où il fesait honneur à ses engagemens; ce n'est qu'au
moyen de cette preuve qu'il sera possible d'obtenir le maintien et l'exécution d'un traité fait
ainsi de bonne foi. Or, le tiers doit avoir cette
preuve facile, et, pour ainsi dire, sous la main :
car il a dû prendre ses informations à cet égard
à l'époque où il a contracté, et il n'a pu traiter
qu'à bon escient.

Les créanciers, au lieu d'avoir à valider un
titre, et à établir que le jugement a fait remonter
la faillite à une époque trop ancienne, veulent
au contraire faire rapprocher la date de l'ouverture de celle du jugement déclaratif, afin d'é-
carter un plus grand nombre d'actes qui seront
frappés de nullité, et d'augmenter ainsi l'actif
de la masse. Or ils n'ont pas, dans le principe,
les moyens et les renseignemens nécessaires pour
réaliser ce but; il faudrait pour cela qu'ils con-
nûssent les divers titres qui seront produits, les
divers traités qui ont été passés par le failli, les
diverses opérations auxquelles il s'est livré; car

ces actes, par leur nature, par les conditions auxquelles ils auront été soumis, feront connaître les circonstances dans lesquelles ils ont été faits, et seront l'expression fidèle de la situation du failli. C'est dans la discussion approfondie de toutes ces créances, dans la vérification de tous les titres, qu'ils pourront suivre les progrès du mal et remonter jusqu'aux premiers jours où l'embarras et l'insolvabilité ont pris naissance. Mais avant d'avoir fait cet examen, ils n'ont que des indications vagues et incomplètes, sur lesquelles on ne peut baser une opposition; et la loi ne pouvait, sans injustice, les frapper de déchéance avant de leur avoir donné les moyens nécessaires pour intenter leur action. Ils ne peuvent les puiser que dans la vérification des créances diverses, et voilà pourquoi les créanciers sont recevables à former leur opposition jusqu'à l'expiration des délais fixés pour l'affirmation et la vérification. Alors ils pourront savoir si l'indication faite par le tribunal est exacte, et si l'ouverture ne doit pas être reportée plus haut; s'ils n'utilisent pas immédiatement leur action, ils sont désormais frappés de déchéance.

Du reste un arrêt de la Cour de Cassation, à la date du 29 novembre 1840, a décidé que le terme fatal de la vérification des créances n'ayant pas été déterminé par la loi, le juge-commissaire est demeuré le maître de proportionner la durée de cette vérification à l'importance des affaires de la faillite; qu'il lui appartient dès lors de fixer l'époque de la clôture de son procès-verbal, et que cette clôture est le terme rigoureux après lequel l'opposition des créanciers est désormais irrecevable. (*Journal du Palais t.* 1 *de* 1841 *pag.* 386.)

Ces premières distinctions ont suffi pour faire connaître d'une manière générale l'ensemble du système adopté par la loi de 1838. Nous le compléterons en déterminant avec précision la nature et les caractères de cette opposition.

Nous nous empressons de dire qu'elle ne doit pas être confondue avec l'opposition ordinaire ouverte par le Code de Procédure contre les jugemens de défaut. Sans doute ces deux voies ont des points de contact et des ressemblances réelles; mais aussi l'opposition au jugement déclaratif a des caractères spéciaux qui ne se rencontrent pas les oppositions ordinaires.

Ainsi, à ne considérer que la nature des jugemens déclaratif et de report, et les circonstances dans lesquelles ils sont rendus, il est sensible qu'ils sont toujours prononcés en l'absence des personnes intéressées, et qu'ils ren-

trent dans la classe des jugemens par défaut.
Aussi à ne les considérer que sous ce point
de vue, le droit commun ouvrirait contr'eux
la voie de l'opposition ordinaire.

Mais dans les jugemens de défaut rendus en
matière ordinaire, si toutes les parties ne sont pas
présentes, l'une d'elles du moins est représentée;
celle qui obtient le jugement de défaut. — Dans
les jugemens déclaratif et de report, au contraire,
aucune partie n'est ni présente ni représentée.
Il n'y a aucun doute sur ce point quand le
jugement a été prononcé d'office. S'il a été provoqué soit par la déclaration spontanée du failli,
soit par la requête d'un créancier, il ne peut
pas non plus y avoir de difficulté sérieuse, car
la déclaration faite au greffe par le débiteur,
ou la requête présentée au tribunal par le créancier poursuivant, ne peuvent être considérées
comme des actes de procédure qui mettent
dans l'instance la personne de qui ils émanent,
et qui les rendent parties au jugement. Aussi,
sous cet autre point de vue, il est vrai de dire
que le jugement déclaratif et de report sont,
de la part du tribunal de commerce, de purs
actes d'autorité rendus dans les limites de leur
compétence, sur les renseignemens fournis par
l'un des intéressés, ou recueillis par la justice.

Par conséquent, ces jugemens ne peuvent être considérés comme des jugemens ordinaires. La voie ouverte par la loi pour en faire prononcer la réformation, pourra ressembler à l'opposition ordinaire, parce qu'elle aura pour objet de faire rétracter une décision judiciaire rendue en l'absence de toutes parties ; elle pourra même, pour cette cause, porter le nom générique d'opposition ; mais elle constituera une opposition d'une nature toute particulière, comme le jugement qu'elle est destinée à faire réformer.

Une autre différence qui vient encore établir que le jugement déclaratif est plutôt un acte d'autorité qu'un jugement ordinaire, c'est le mode adopté par la loi pour le porter à la connaissance des intéressés. Ce n'est pas en effet, par voie de signification que la notification en est faite, mais par affiches et insertions dans les journaux, d'après les règles établies dans l'art. 442. Sans doute, il eût été dispendieux et difficile, peut-être même impossible, de faire à chacun des intéressés une notification individuelle, alors surtout que la plupart sont encore inconnus ; mais il n'en est pas moins vrai que le mode adopté sort des voies ordinaires, et que, sous cet autre point de

de vue, l'opposition doit avoir un caractère spécial, comme l'acte contre lequel elle est dirigée.

D'après ces principes, il est aisé de résoudre
les difficultés qui se présentent sur la matière :
nous allons les examiner successivement.

Et d'abord le failli ou l'un de ses créanciers
qui auraient provoqué le jugement déclaratif et
le jugement de report, l'un par sa déclaration
au greffe, l'autre par la requête qu'il a adressée
au tribunal, ont-ils encore le droit de faire
réformer ces jugemens par la voie de l'opposition ? — L'affirmative est incontestable. Non
seulement, en effet, l'aveu spontané du débiteur ou la requête du créancier ne peuvent
pas être considérés comme constituant un en-
quiescement au jugement à intervenir ; mais il
est encore vrai de dire qu'ils n'ont pas été
parties à ce jugement, qu'il n'est pas rendu contradictoirement avec eux ; et que dès-lors ils
peuvent l'attaquer par la voie de l'opposition.

On peut demander, en second lieu, si le failli
ou tout autre intéressé peut, après les délais de
l'opposition, attaquer par la voie de l'appel le
jugement déclaratif ou le jugement de report.

Nous nous prononçons pour la négative.

Si les jugemens dont il est ici question étaient

des jugemens de défaut ordinaire, l'art. 455 du Code de Procédure civile devrait servir de règle, et il faudrait décider que le droit d'appel s'ouvrirait immédiatement après l'expiration des délais de l'opposition. Mais ces jugemens, ainsi que nous l'avons établi, sont d'une nature toute spéciale. Statuant entre tous les intéressés, ils n'ont pas été spécialement rendus pour ou contre telle personne déterminée ; par conséquent aucun intéressé ne peut dire que l'instance ait été liée vis-à-vis de lui, et qu'il ait subi le premier degré de juridiction. L'autoriser à se pourvoir par la voie de l'appel, ce serait donc décider qu'une instance peut être portée directement et de prime abord devant la Cour Royale, car l'appelant est demeuré étranger à la décision des premiers juges dans laquelle il n'a pas été partie. Une pareille opinion renverserait tous les principes.

En règle générale et absolue, une instance ne peut prendre naissance devant un tribunal supérieur ; elle n'y arrive qu'après avoir subi le premier degré de juridiction. Or le seul moyen que la loi donne aux intéressés de remplir cette condition du premier ressort, c'est d'attaquer par la voie de l'opposition, et dans les délais déterminés, la déclaration que le tribunal a prononcées, pour ainsi dire, d'autorité, et dans l'intérêt général. De cette manière, la décision est contradictoire avec le tiers, ou du moins l'instance est liée avec lui ; et dès-lors il peut se pourvoir par appel contre le jugement spécial qu'il aura provoqué par son opposition.

Il faut donc reconnaître que ce recours, ainsi accordé par la loi aux intéressés, est la seule voie qui leur soit ouverte pour faire modifier ou rétracter les décisions primitives du tribunal. Et comme elle ne peut être utilisée que pendant un délai déterminé, l'expiration de ce délai emporte déchéance.

Du reste, telle avait été dès le principe la pensée du nouveau législateur, et elle avait été consignée dans l'art. 581 du projet de loi de 1835, aux termes duquel, « aucun jugement » rendu par défaut, en matière de faillite, n'é- » tait susceptible d'appel que de la part de ceux » qui y auraient formé opposition. » Cette disposition ainsi étendue à tous les jugemens de défaut rendus en matière de faillite, était dangereuse et même injuste, car les diverses contestations qui s'élèvent dans le cours de la faillite, rentrent dans la catégorie des contestations ordinaires, et l'on doit suivre à leur égard les règles du droit commun. Dans ces circonstances, il

n'eût pas été équitable, suivant l'observation judicieuse de M. Lainné de priver du droit d'appel celui qui aurait perdu la faculté de se faire
rendre justice par les premiers juges. Aussi l'article 581 du projet fut-il supprimé.

Mais cette suppression ne peut avoir aucune
influence sur la question qui nous occupe ; car,
pour ce qui concerne les jugemens déclaratifs et
de report, la disposition de l'art. 581 du projet
était complètement inutile, surtout en présence
de l'art. 582, qui met un obstacle matériel à
l'exercice de l'appel après les délais de l'opposition.

Cet article porte en effet que le délai de tout
jugement rendu en matière de faillite, est de
quinze jours qui doivent courir seulement à
compter de la signification. Or, comme les deux
jugemens spéciaux dont il est ici question, ne
sont pas signifiés, il s'ensuit qu'ils ne sont pas
compris dans la disposition de l'art. 582, et que
par conséquent ils ne peuvent être attaqués par
la voie de l'appel.

Enfin une dernière question consiste à savoir
si la voie d'opposition ouverte contre le jugement
déclaratif et le jugement de report est exclusive
de la faculté de former tierce-opposition à ce
jugement.

Les principes déjà posés nous font adopter la négative.—Sous ce nouveau point de vue, il nous paraît que le législateur à soumis les jugemens déclaratif et de report à des règles tout-à-fait spéciales, et qu'il a voulu faire exception aux principes du droit commun : il a été déterminé en cela par des considérations d'intérêt général. Il est nécessaire, en effet, que la situation de la faillite et les opérations déjà arrêtées ne puissent pas être bouleversées à tout instant par des réclamations tardives, et qu'une tierce opposition ne vienne renverser une liquidation déjà terminée et des droits acquis, en imposant la nécessité d'une liquidation nouvelle.

L'accomplissement des formalités établies dans l'art. 442 donne au jugement déclaratif et de report une publicité générale et absolue, et met tous les intéressés en demeure de se pourvoir, chacun dans des délais spéciaux, par la voie de l'opposition qui seule leur est ouverte. Permettre la voie de la tierce opposition, ce serait établir en principe l'inutilité des dispositions relatives à la publicité, exposer les faillites à des modifications incessantes, et enlever toute sanction à la loi.

Telle était, du reste, sous l'empire du Code de Commerce, la tendance de la jurisprudence, consacrée par un arrêt de cassation du 10 novembre 1824, dont les bases furent adoptées par la Cour Royale de Paris (25 juin 1825.) *

Toutefois cette jurisprudence était loin d'être universelle, et le projet de loi de 1835 présenta une disposition diamétralement opposée. Après avoir déterminé le délai pour l'exercice de l'opposition aux jugemens déclaratifs et de report, l'art. 580 du projet portait dans sa disposition finale : « Passé ce délai, la fixation de l'ouverture » de la faillite sera irrévocable à l'égard de la » masse, *sans préjudice du droit de tierce-op-* » *position principale ou incidente de la part des* » *tiers* contre lesquels cette fixation serait ulté- » rieurement invoquée ».

Si cette disposition eût été maintenue dans la rédaction définitive, la controverse ne serait pas permise : car elle consacrait de la manière la plus formelle le droit de tierce-opposition. Mais si sa présence eût été déterminante, sa disparition est extrémement significative; et la Chambre des Pairs, à qui cette suppression est dûe, a, par ce seul fait, déclaré de la manière la plus éner-

---

* Tous les arrêts cités dans cet ouvrage, se trouvent, à leur date respective, dans le *Journal du Palais*, troisième édition.

gique que cette voie de recours était contraire à l'esprit de la loi et que par conséquent elle ne pouvait pas être adimse.

FIN DE LA PREMIÈRE PARTIE.

Toulouse, Imprimerie de Delsol.

ERRATUM.

Pag. 12, ligne 13 ; au lieu de 1815, lisez : 1715.

www.ingramcontent.com/pod-product-compliance
Lightning Source LLC
Chambersburg PA
CBHW050112210326
41519CB00015BA/3931